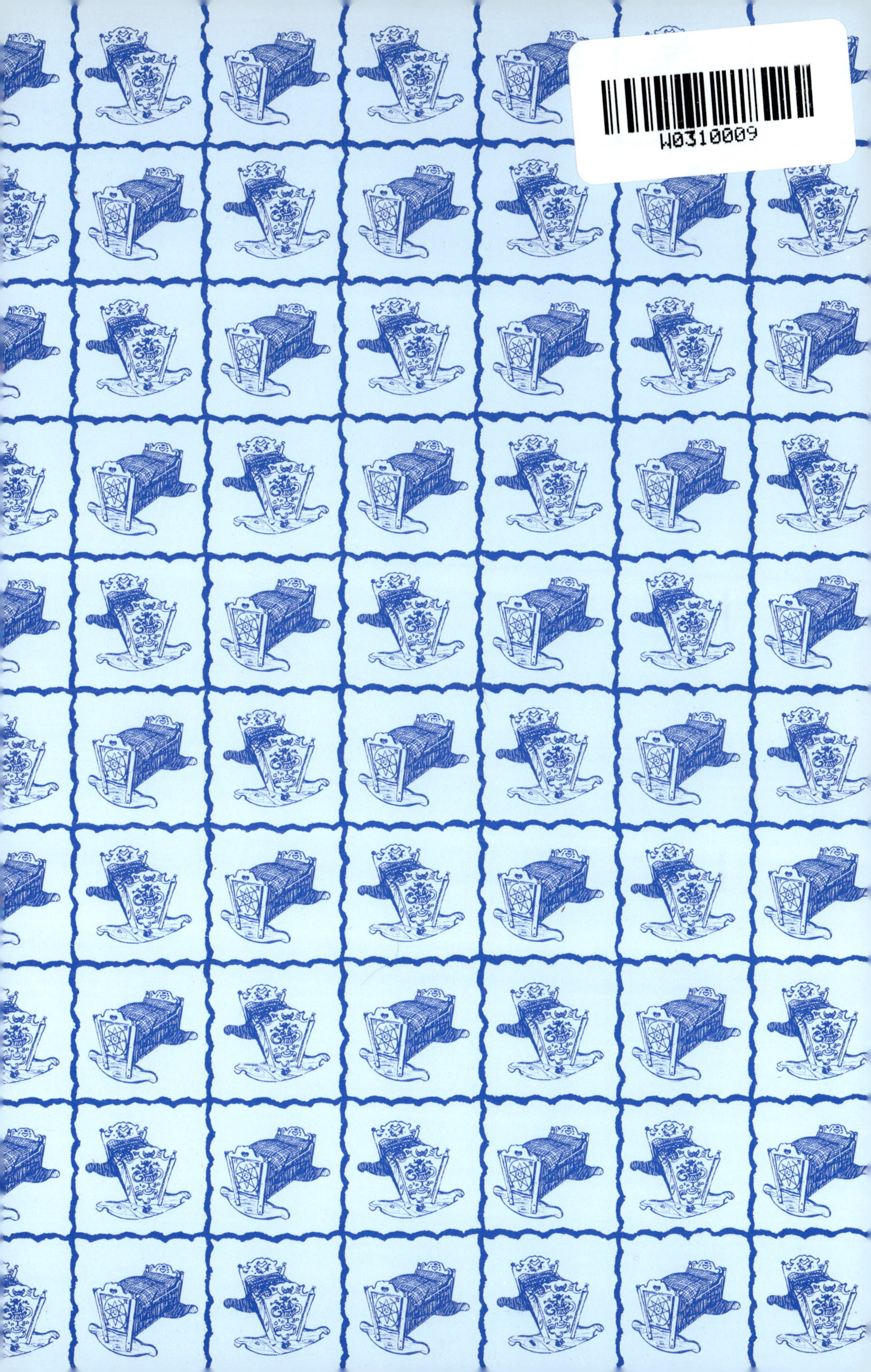

Hedi Heres

Kinder kriagn und Kinder wiagn

Hedi Heres

Kinder kriagn und Kinder wiagn

Brauchtum um Mutter und Kind
in Bayern und seinen Nachbarländern

Verlagsanstalt »Bayerland« Dachau

Verlag und Gesamtherstellung:
Druckerei und Verlagsanstalt »Bayerland« Anton Steigenberger,
8060 Dachau, Konrad-Adenauer-Straße 19

Bildreproduktionen: Helmut Thon und Rudi Düsterhöft

2. Auflage 1989

Printed in Germany · ISBN 3-922394-55-8

INHALT

ZUM GELEIT

Den Anstoß zu diesem Buch gab die starke Resonanz auf eine von mir zusammengestellte Hörfunksendung des Bayerischen Rundfunks, die unter dem Titel »Kinderkriagn und Kinderwiagn« ausgestrahlt wurde und viele Anregungen, hinweisende Zuschriften und Anfragen zur Folge hatte.
Eine vertiefte Beschäftigung mit diesem »weiblichsten« Thema führte zu vielen interessanten volkskundlichen Fundstellen, die in diesem Buch zusammengefaßt sind.
Auch für jemanden, der am Ende des 20. Jahrhunderts lebt, der über die Möglichkeiten und Methoden einer vorgeburtlichen Diagnose Bescheid weiß, der die wesentlichsten Vorgänge der menschlichen Embryonalentwicklung kennt, bleibt die Menschwerdung, der Weg von der Zeugung zur Geburt ein erkennbares, aber nicht faßbares Wunder.
Biologen und Mediziner sagen: Wir alle sind aus einer etwa stecknadelkopfgroßen, befruchteten Eizelle entstanden. Vererbungswissenschaftler versichern, daß in dieser einen kleinen Zelle, ja, nur in einem winzigen Teil davon, die Ursache dafür zu suchen sei, daß sich aus dieser Eizelle ein Mensch und kein Lebewesen anderer Art entwickle, daß hier bereits Hautfarbe und ungefähre Körpergröße, Augenfarbe und ein etwaiges Kinngrübchen, Talente genauso wie die Anfälligkeit gegenüber bestimmten Krankheiten festgelegt seien, ja, sogar das unverwechselbare Muster unserer Fingerlinien.
Nicht genug des Wunders. Die Verwirklichung erst des festgelegten Planes, Triebkraft und zeitlich geordneter Ablauf, Verzahnung und gegenseitige Beeinflussung in gesetzlichen Bahnen erscheinen uns auch heute noch kaum faßbar.
Nur zu verständlich, daß die Generationen vor uns, noch viel mehr in Unkenntnis, nach Ursache für zugefallenes Glück und erfahrenes

Unglück forschend, Erklärung und Trost im Glauben fanden. Und dort, wo der Glaube notwendig wird, ist der Aberglaube nicht weit. Vom Glauben und Aberglauben, vom Brauchgut um Mutter und Kind soll dieses Büchlein handeln. Es soll mithelfen, Vergessenes oder Verschüttetes freizulegen, von den Ängsten und dem Glück erzählen, gelegentliches Kopfschütteln hervorrufen, zum Schmunzeln anhalten und ganz einfach Freude machen.

Herzlichst bedanke ich mich beim Museumsverein Dachau, der die Erlaubnis zur Veröffentlichung des bisher nicht publizierten Bildmaterials gab.
Mein Dank gilt ferner Frau Emilie Geißler-Stockmann, München, Herrn Robert Böck, München, Herrn Dr. Anton Roth, Vierkirchen-Esterhofen, sowie Frau Emma Ballheim, Weiltingen, Kreis Dinkelsbühl, die Bildmaterial, Sammlungsobjekte und Literatur zur Verfügung gestellt haben.
Der besondere Dank gebührt den Herren Helmut Thon, Dieter Diener und Rudi Düsterhöft, die den Bildteil gestalteten.
Auf Literaturhinweise innerhalb der einzelnen Kapitel wurde bewußt verzichtet, um den Fluß der Darstellung nicht zu stören. Dem Interessierten bietet ein umfangreiches Literaturverzeichnis im Anhang des Bändchens Gelegenheit zu vertiefter Betrachtung.

Hedi Heres

VOM KINDERSEGEN

»So alt wie die Menschheit selber . . .«, wie oft verwendet man diesen Vergleich, und wie selten trifft er doch tatsächlich zu. Redet man von »Kinderkriagn«, so gibt es keinen Zweifel, da stimmt er wirklich. Die »Kindrernte« geht nicht mit dem Jahreslauf, aber die Abstände waren früher oft nicht viel größer. Der Bauer und die Bäuerin, der Hof, das Vieh, das ganze Hauswesen brauchte die Kinder. Je reicher der Kindersegen war, je mehr um den Stubentisch herumwuzelten, desto größer war die Freude der Eltern.

»A oanzig's Kind und a oanzig's Fackl soll ma net aufziagn«, und »immer no liaber oans dazua als oans weg«. Ein- und Zweikinderehen gab es nur vereinzelt und wenn, dann vor allem in der Stadt. Auf dem Land herrschte die Meinung: »Wer net glei zwölfe hat, der ko vo Kinder gar net sag'n!« Sie glichen einander oft wie Butterstrietzeln, die alle mit dem gleichen Model gemacht waren, und nicht selten soll es passiert sein, daß die Bäuerin ihrer ältesten Tochter nicht auf die Hochzeit gehen konnte, weil sie gerade selber im Kindbett lag: »Sie hat's halt net segn könna, daß d' Kinder am Hof weniger werd'n!«

Kinder sind ein Segen Gottes, kommen ihrer viele, so kann der Segen leicht zu groß werden. Daß die Armen mehr damit heimgesucht werden als die Reichen, ist bekannt. Im vorigen Jahrhundert gehörte fast die Hälfte der bäuerlichen Bevölkerung zur Unterschicht, zu den Kleinhäuslern, die schon in normalen Zeiten – geschweige denn bei Mißernten und Hungersnöten – ihre Mühe hatten, mehr als drei Kinder zu ernähren. »Viel Kinder, viel Vaterunser« war ein schwacher Trost, wenn es von kleinen hungrigen Mäulern wimmelte. Und so blieben von dem runden Dutzend meist bloß drei oder vier am Leben, die anderen »himmelten« schon sehr früh. Die Kindersterblichkeit war groß, sie lag in den vergangenen Jahrhunderten zwischen 50 und 60

Votivbild zur Anrufung der Muttergottes von Kunterweg
(Landkreis Berchtesgaden)
sowie der heiligen Fürbitter Leonhard und Ignatius.

Prozent. Noch vor 110 Jahren überlebten in München nur 59 Prozent der Kinder das erste Lebensjahr.

Sicher war die mangelhafte medizinische Versorgung eine der Hauptursachen, aber die allgemeine Armut der Bevölkerung, die unzureichende Ernährung und die harten Arbeitsbedingungen trugen gewiß das ihre dazu bei.

Man war zwar überzeugt, daß jedes dieser früh gestorbenen Kinder sofort ein schöner Engel werde: »Sind es ihrer drei, so haben sie im Himmel eine solche Macht, daß Vater und Mutter darob selig werden müssen!« Und war die Trauer über den Tod eines Kindes auch groß, gab man doch die Hoffnung auf weiteren Kindersegen nicht auf, wie die Inschrift einer Votivtafel beweist, auf der zu lesen steht: »Lieber Gott, acht Kinder sind bei Dir, so schenk das neunte mir!«

Eine kinderlose Ehe ist dem Bauern von jeher wie ein »Acker ohne Frucht« gewesen, und er denkt sogar noch weiter: »Laare Wiagna in da Bauernstub'n bringa ganze Länder um!« Seine ganze Einstellung spiegelt sich in folgendem Spruch aus Südtirol:

»As erste Kind bringt die G'sundheit,
as zweite die Schönheit,
as dritte den Frieden,
as vierte das Glück
und jedes weitere an Fürsprecher
für die Eltern im Himmel!«

VOR DER GEBURT

Bitten und Warten

Die Leute waren früher recht hart in der Beurteilung von Frauen, die keine Kinder hatten. In der Dachauer Gegend sagte man von ihnen, sie seien »von Gott verlassen«. Wie F. X. Hartmann, Gerichtsschreiber in Bruck, 1875 sagt, wollte niemand etwas mit ihnen zu tun haben; man redete ihnen alles Schlechte nach und beschuldigte sie des Geizes, des Neides und der Habsucht. Im Volksmund hießen sie »nutzloses Göltvieh«, »Nonnen« und »Baskarinnen«. Durch ein unzüchtiges Jugendleben hätten sie dieses Unglück selbst verschuldet, vielleicht auch einmal eine Frau, welche schon öfter geboren, eine »Schweinsmutter« genannt oder sich gar über ihre eigene Mutter, welche noch in späten Jahren ein Kind geboren, unwürdig geäußert, weshalb ihnen Gott zur Strafe kein Kind schenkte. Mancherorts durfte der Titel »Frau« gar erst dann verwendet werden, sobald ein Kind geboren werde.
Man rieb es dem Bräutigam schon bei der Hochzeit hin, was man nach neun Monaten von seiner Ehe erwartete. In vielen der Hochzeitsladergstanzl wurde diese Erwartung unverblümt vorgetragen:

»Hochzeiter, hast g'heirat,
jetzt werst as scho kriagn,
in an Dreivierteljahr
derfst as Kinderwagl schiabn!«

Und in aller Regel ließ der Kindersegen auch nicht lange auf sich warten. Stellte er sich früh – zu früh – ein, so gab dies zu weit weniger Sorgen Anlaß – die eine oder andere boshafte Bemerkung war bald vergessen –, als wenn er ausblieb. Aus diesem Hoffen wurde schon bald ein ungeduldiges Warten und Bitten.
Hilfe suchte man in medizinischen Erkenntnissen ebenso wie im Glauben und Aberglauben.

Bäuerliches Andachtsbild (19. Jahrhundert).

Magische Kräfte erhoffte man sich vom Getreide, dem uralten Sinnbild für Fruchtbarkeit.
Hirse oder andere Getreidearten wurden in Säckchen eingenäht und sodann in das Federbett gesteckt. Viele Körner bedeuteten Wohlstand und Kinderreichtum.*
Ein eigentümlicher, nur in Ober- und Niederbayern nachweisbarer Brauch dürfte das Opfern von getöpferten oder hölzernen Gesichts-Urnen gewesen sein, die von der Spenderin mit dreierlei Getreidekörnern – Weizen, Roggen und Gerste – gefüllt, geopfert und in Kirchen aufgestellt wurden. Das Korn dazu durfte nicht gekauft, sondern mußte geschenkt sein. Derartige Gefäße opferten auch ledige Mannerleut um eine Braut, und Mädchen um einen Bräutigam zu bekommen. Schöne Beispiele für diese Votive sind die in Langwinkel bei Griesbach gefundenen, die sich heute im Münchner Nationalmuseum befinden.
Der noch heute beliebte Besuch von Brunnen und Bädern zur medizinischen Hilfe wurde vielerorts noch durch eigene Bußfertigkeit unterstützt. Man pilgerte barfuß, »strumpfsockat« oder gar mit Erbsen in den Schuhen zum wundertätigen Bad. Häufiges Baden galt als ausgezeichnetes Mittel zum Kinderkriegen, und kleine Bauernbäder gab es viele. Dem Salomonsbrunnen im südtirolerischen Antholz oder dem »Kinderbrunnen« am Kalvarienberg in Bozen schenken Bäuerinnen noch heute ihr Vertrauen. In Zurzach besucht man gelübdeweise das Bad der heiligen Verena. Ihr trägt man die Bitte um einen Buben vor, der heiligen Odilia die um ein Mädchen.
Diese beiden Heiligen waren beileibe nicht die einzigen, von denen man sich Hilfe beim Kinderkriegen erhoffen durfte. Eine ganze Reihe von Fürbittern empfahl sich, allen voran die heilige Kummernus, die heilige Margarete als eine der »drei hl. Madl«, aber auch St. Michael und der heilige Georg. Daß die Mutter Anna ein offenes Ohr für die Bitte um Kindersegen haben dürfte, ist naheliegend; daß sich aber ausgerechnet Sankt Leonhard im besonderen Maße der unfruchtbaren Frauen annimmt, verwundert den, der in dem Heiligen nur einen Beschützer des Hausviehs sieht. Wer aber um dessen zahllose Aufgaben weiß – als Patron der Gefangenen, der Sklaven, der Verirrten, der Geisteskranken,

* Noch 1965 konnte man Überreste dieses Brauches in einer modernen heimischen Reinigungsanstalt für Bettfedern feststellen.

der Eisenarbeiter, der Metzger, der Schäffler, der Fuhrleute etc. – und von ihm weiß als »Begleiter des Menschen von der Geburt bis hinüber in die Ewigkeit«, der verläßt sich auch darauf, daß »mit Leibesfrucht und Kindern er manchen Ehestand ziehrt«, wie es im Gebet heißt. Groß ist die Zahl der ihm geweihten Kapellen – Inchenhofen, Hohenburg, Aign, Ganacker, um nur einige zu nennen –, an ihrer Spitze das durch seine festliche Leonhardi-Wallfahrt weitum bekannte Kircherl bei Bad Tölz. Hier fanden sich neben allerlei wächsernen Ex-voto-Tierfiguren zu Ehren des Viehpatrons auch die krötenähnlichen sogenannten »Muttern«, Opfergaben kinderloser Frauen.
Die Kröte als Gebärmuttervotiv fand und findet ihre Verbreitung in ganz Altbayern, aber auch in Südtirol, Kärnten und Jugoslawien. Das Abbild eines kranken oder nicht funktionierenden Körperteils, wie Arme, Beine, Augen, Lunge, als Weihgabe zu opfern, um dadurch Heilung zu erfahren, ist vielerorts üblich.

Wächserne Votivkröten »Bärmutterkröten«.

Einlegebildchen »Heilige Mutter Anna«, Kupferstich (18. Jahrhundert).

Über die Gestalt des im Körper verborgenen Uterus war den meisten wenig bekannt. Man stellte sich die Gebärmutter, im Volksmund »Bärmutter« genannt, als ein selbständiges, krötenartiges Lebewesen im Unterleib der Frau vor, das umherwandeln, beißen und schlagen könne, aber auch »gefüttert« werden müsse. Opferte man im Mittelalter lebende Kröten, mit der Bitte um Fruchtbarkeit oder um eine gut verlaufende Schwangerschaft, so gab man in den letzten beiden Jahrhunderten lebensgroße, wächserne Kröten, hin und wieder auch solche aus Eisen, Silber oder Holz und vertraute sie bevorzugt der Fürsprache des heiligen Leonhard an.
Als weniger bekannte, dafür aber um so kostbarere Opfergaben kinderloser Frauen sind noch die silbernen Votivwiegen zu nennen, die zusammen mit wächsernen Christkindln gestiftet wurden. So findet sich eine in der Wallfahrtskirche St. Ägidius von Schildthurn im niederbayerischen Landkreis Pfarrkirchen, die aus dem Jahr 1868 stammen soll.

Gebet zum heiligen Leonhard in Kindsnöten:

»Weil Eva sich vergessen/
Am Apffel also rot/
Zerbrochen so vermessen/
Das ring vnd leicht Verbott/
So wird an dero Töchtern/
All menschlicher Geschlechtern/
Gerochen diser Fall.
Ein jede muß anhören
In Schmertzen wirst gebären/
Ach armes Jammerthal!
Ein Zuflucht/vnd Vertrawen/
Bey so betrübter Pflicht/
Bekant bey Mann vnd Frawen
S. Leonhard verspricht/
Der ist schon beygestanden/
Bey Lebens zeiten zwar/
Er hilfft von Mutter Banden/
Gar offt noch auß Gefahr.

Sein Lob ist nit zu mindern/
Der Namen triumphirt/
Mit Leibesfrucht/vnd Kindern/
Er manchen Ehestand ziehrt.«

Gerne nahmen Frauen, um von dem Unsegen der Unfruchtbarkeit erlöst zu werden, mit einem Gebet ihre Zuflucht zur heiligen Mutter Anna:
»Oh, du Ehrwürdige Mutter Sankt Anna! Ich grüße dich und wünsche dir Glück und Heil wegen der großen Gnaden, so dir vom Himmel herab kommen seynd. Dem lieben Gott hat es gefallen, dich von der Schmach der Unfruchtbarkeit zu erlösen und dich mit der alleredelsten Frucht schwanger zu machen. O du allerkeuschester Leib der allerkeuschesten Mutter Anna, ich bitte dich, erlöse auch mich von der großen Schmach der Unfruchtbarkeit. O du Ehrwürdige Mutter Anna, ich bitte dich durch die große Ehr, so dir Gott erzeigt hat, erbarme dich über mich und sey meine Fürbitterin bey Gott, laß meinen Leib mit einem Kindt empfangen, meinen Leib gleich dem eines Weibes machen. Amen.«

Woher die kleinen Kinder kamen ...

Das »Woher« eines neuen kleinen Erdenbürgers beschäftigte seine Umwelt, gleich ob klein oder groß, von jeher brennend. So sind bei Kindern, aber auch bei Erwachsenen Redensarten und Märchen in Umlauf, die alten Volksglauben durch Jahrhunderte in unsere Zeit gerettet haben.
Am weitesten verbreitet und am längsten überliefert ist die Vorstellung von der Herkunft aus quellendem und lebendig dahinströmendem oder auch geheimnisvoll tiefem Wasser. Fragt man Bauernkinder, so kann man heute noch hören: »Aus'm Brunnengrand hat's ihn auffi-g'schutzt!«* Bei Landshut oder Tölz werden die neuen Geschwisterl »aus der Isar gefischt«, sie stammen aus dem »Brünndl« bei der Wall-

* Gebräuchlich ist auch heute noch der Spruch: »Ja damals, wia du no mit de Staunz'n (Wasserstechmükken) g'flog'n bist!«

fahrtskirche Berg, in Ahrein aus dem »Mühlbach« und in Essenbach aus dem »Baderbach«. Soweit die Regensburger Domtürme sichtbar sind, sagt man: »Es ist aus dem Dombrunnen geschöpft worden.« Die sogenannten Kindlsbrunnen im Badischen und in der Schweiz nennt man gar Milchbrunnen, um anzudeuten, daß ihr Wasser die noch ungeborenen Kinder ernährt. Schloß-, Dorf- und Mühlenweiher, Teiche und Wassergruben werden mancherorts sogar in Buben- und Mädchenbrunnen aufgeteilt.

Ähnlich weit verbreitet ist auch die Herkunft aus einsamen, großen, hohlen Bäumen. Schon in der Antike verwies man die Kinder auf Baumkronen, worin ihre noch ungeborenen Geschwister lebten. Brachte man ganz allgemein im älteren Volksglauben Leben und Tod des Menschen mit dem Wachsen und Vergehen eines bestimmten Baumes in Verbindung, so vermutete man auch in Bäumen und Büschen die Seelen der Neuankommenden schon vor der Geburt. In Tirol erzählt man von sogenannten »heiligen« Bäumen, in deren Umkreis man nicht reden dürfe, um darin die Ungeborenen nicht zu schrecken. Auch im Raum Kempten, Zusmarshausen, Ingolstadt wird von alleinstehenden Bäumen mit abenteuerlichem Wuchs berichtet, oft auch nur von Baumstümpfen, welche gerade die Phantasie der Kinder mächtig anregen. Eine bildliche Darstellung fand dieser Glaube vom Kinderbaum in Holzmodeln des 17. Jahrhunderts, worauf eine Frau einen Apfelbaum schüttelt, dessen Früchte sich zu Kindern auswachsen, die am Rand der Krone, in Windeln verpackt, nach unten hängen.
Vielleicht sind es Reste eines alten Steinkultes, die sich in der Überlieferung widerspiegeln, daß Steine und Felsenhöhlen die Stätten seien, von denen die Kinder stammen. So kennen die Bewohner des Schwarzwaldes und des Allgäus, aber auch der Schweiz und der Sudeten, sogenannte »Kindertröge«, in oder unter mächtigen Felsklötzen, worin die kleinen Buben und Mädchen auf das Abholen warten. So wird in der Nähe der Schloßruine Löwenberg bei Scheuis in der Schweiz ein vielbestaunter »Kindlstein« gezeigt. Das natürliche Bild der Landschaft erklärt es wohl, daß in Gebirgsgegenden Steine und Felsen, im Flachland Bäume und Wasser die Kinder bewahren. Darüber hinaus kennt man Kapellen, Kirchen und Orgelkästen, ja sogar Stellen unter Altären,

von wo die Kinder herkommen sollen. Mancherorts gilt Rom als spezieller Herkunftsort für Mädchen.
Ob sie nun auf Bäumen sitzen, im Wasser schwimmen oder hinter Steinen warten vor ihrer Geburt, eines ist ihnen gemeinsam: sie kommen nicht von allein zu den richtigen Eltern, sie brauchen einen Kinderbringer.
»Großunternehmer« im Geschäft des Kinderbringens ist der Storch. Eine der ältesten Darstellungen dieser seiner Tätigkeit findet sich auf dem Portal einer Kapelle in Dresden, wie überhaupt die kindliche Vorstellung, daß der Storch die Kinder bringe, ehedem mehr im nord- und mitteldeutschen als im süddeutschen Raum verbreitet war. Erst im 19. Jahrhundert findet sie Eingang in Schwaben. Seine biologische Verbindung mit dem Wasser und seine volkskundliche Bedeutung als Glücksbringer und Bewahrer vor Blitz und Feuer lassen seine Rolle als bekanntester Kinderbringer verständlich erscheinen. Vielleicht ist auch der Ursprung dieser Überlieferung in der Vorstellung zu suchen, daß kleine Kinder Fröschen ähneln.* »Mei kloans Froschal« ist in Bayern ein beliebter Kosename. Zieht der Storch wirklich eines an Land und bringt es ins Haus, so verwundert es niemand, daß die Mutter darüber so erschrickt, daß sie erkrankt und sich ins Bett legen muß. In »besseren norddeutschen Familien«, wo man es noch genauer wissen will, beißt er sie sogar ins Bein!
Als weitere Kinderbringer in tierischer Gestalt galten Ente, Krähe, Rabe und Fuchs, unter den Fabelwesen bemühte man in Franken und Schwaben Frau Holle, im Badischen Wasserjungfrauen und Wassermänner.
In katholischen Gegenden, wie in Vorarlberg, sind auch christliche Vorstellungen bekannt, und es bringen der heilige Nikolaus oder die Jungfrau Maria die Kleinen aus dem Paradies. In manchen bayerischen Landschaften, so im Chiemgau, tritt ein naher Verwandter in dieser Rolle auf, in Südtirol gar wurde einst den zahlreichen Hausierern, den Zigeunern und anderem fahrenden Volk diese wichtige und geheimnisvolle Aufgabe zugeschrieben.
Recht bekannt ist in der Nähe von Burgen und Schlössern der Glaube,

* Holzschnitte aus dem 15. Jahrhundert scheinen darauf hinzuweisen.

daß dorten »drei wundersame Fräulein« hausten, die man nie zu Gesicht bekäme, und die dann für das Kinderbringen verantwortlich seien:

»Die eine spinnt Seiden,
die andere wickelt Weiden,
die dritte geht zum Brünnelein
und findt ein goldiges Kindelein!«

Die meisten Kinder mußten sich aber mit der Auskunft begnügen, daß die Hebamme wohl die größte Erfahrung mit der lebendigen Fracht habe und ob sie nun, wie in Tirol, die Kinder aus dem Wasser zog oder draußen aus dem Holz holte, die Hauptsache war, daß es überhaupt ein kleines strampelndes Wesen in der Wiege zu bestaunen gab.
Erwähnenswert sei schließlich noch der Brauch, daß Kinder aufgemuntert werden, Geld zusammenzusparen, um damit ein lebendiges »Popperl« zu kaufen – er ist etwa in Tirol seit über 200 Jahren überliefert und stammt nicht, wie der Leser vielleicht meinen möchte, aus unseren Tagen.

Mutterhoffen

»Eine Frau, die mit einem Kindlein geht, ist wert, daß ihr die Engel dienen.« Dieser Satz aus der Predigt eines schlesischen Mönches Ende des 14. Jahrhunderts spiegelt die hohe Wertschätzung, die man einer werdenden Mutter entgegenbrachte, und so hätte sich jedermann »Sünden gefürchtet« vor der Strafe Gottes, würde er einer schwangeren Frau Rat und Hilfe versagt haben. Den Zustand der Schwangerschaft umschrieb man mit allerlei Ausdrücken, sicher, um ihn vor Kindern zu verschleiern. So sagte man in Altbayern, bei der betreffenden Familie »hätt's eing'schlagen« oder »d' Frau hätt' einkaaft«, in der Oberpfalz speziell konnte man hören: »sie hat se an der Wagendeichsel g'stessen.« Weit verbreitet war auch die Redensart »jetza werd sie a Große« oder auch »sie werd a Hops«, und »es is was unterwegs«. Eine aus Kärnten oder dem Montafon war dann »nimmer alloa«, und in Siebenbürgen hieß es: »sie geht mit am schweren Leib« und auch: »sie hat Knochen im Leib« oder »sie kann sich nicht bücken«.

Bua oder Deandl?

Die Frage nach dem Geschlecht des zukünftigen Kindes war von brennendem Interesse. Einmal bei der Erstgeburt, denn da ging es um den Hoferben, aber auch bei den weiteren Kindern, denn daß sich eine Bäuerin nach fünf Buben endlich ein Deandl ersehnte, wie im umgekehrten Fall der Bauer schon lautstark den Wunsch nach einem Stammhalter kundtat, läßt sich verstehen.

Man könne da schon helfen, meinten alte Hebammen und gaben manchen Ratschlag, so den, daß eine Empfängnis bei zunehmendem Mond Buben und bei abnehmendem Mond Madln ergeben müsse. »Wird ein Stammhalter erwünscht, dann trocknet man die Blütenknollen eines Knabenkrauts und gibt sie pulverisiert dem Mann in den Wein. Um ein Mädchen zu erhalten, verwendet man die Wurzel derselben Pflanze auf die gleiche Weise.« Dieser Rat aus einem alten Kräuterbuch sei ergänzt durch die weit verbreitete Ansicht, fein geschnittenes Kinderhaar dem Mann heimlich ins Essen gemischt ergäbe zweifellos einen Buben, desgleichen – und viel einfacher zu handhaben – wenn der Bräutigam in der Hochzeitsnacht im Bett seine Schuhe anbehielte!

Aus allen möglichen Anzeichen könne dann während der Schwangerschaft geschlossen werden, was »es« nun werde, und gerade ältere und erfahrene Verwandte, Nachbarinnen, Hebammen und Dorfratschen wurden nicht müde, immer neue unfehlbare Prognosen aufzustellen. Man brauche einer werdenen Mutter nur ins Gesicht zu schauen, heißt es auch heute vielerorts noch, so zeige ihre frische und gesunde Hautfarbe einen Buben an, wogegen Blässe oder gar Flecken ein Mädchen bedeuteten. Hat die Mutter viel Sodbrennen, dann könne das nur daher kommen, daß lange Haare auf dem Magen aufliegen, also ein Mädchen zu erwarten sei! Fällt oder stolpert sie in der ersten Schwangerschaftshälfte, so bedeutet das auch ein Mädchen, passiert es in der zweiten Hälfte, so ist ein Bub unterwegs, wie auch Wohlfühlen, guter Appetit und kräftige, sehr frühe Kindsbewegungen, vor allem nachts und beim Beten, immer auf einen Buben und gegensätzliche Anzeichen auf ein Mädchen deuten. Tritt sie beim Gehen immer mit dem linken Fuß an, wird's ein Bub, mit dem rechten, so ein Mädchen.

Lustig ist die Anordnung, eine Schwangere dürfe sich nicht viel beim warmen Ofen aufhalten, sonst würde es bestimmt »nur« ein Madl. In der Oberpfalz verließ man sich auf eine Beobachtung zu Beginn des neunten Monats: Begegnete der Schwangeren auf dem ersten Kirchgang, sobald sie das Haus verließ, ein Mann, dann trug auch sie einen »kleinen Mann«, war es dagegen eine Frau, so deutete das auf ein Mädchen.

Besonders interessiert ist man am Wachstum der Brust. Entwickelt sich die rechte nach zwei Monaten besser und ist voll und hart, so bedeutet das einen Buben, die stärkere linke Brust, besonders wenn sie weich bleibt, ein Mädchen. Nehmen beide aber gleichmäßig zu, dann müssen es Zwillinge werden und zwar bei harter Brust zwei Buben, bei weicher zwei Mädchen; sind dagegen beide Brüste gleich groß, nur eine hart, die andere weich, so stehen Bub und Mädchen ins Haus. Auch sollen geringer Leibesumfang und gutes Aussehen für »Buam« zuständig sein, eine gewisse Unförmigkeit für »Deandl«.

Soweit die Prognosen, wie sie heute noch vielerorts im Umlauf sind, auf dem Land, wie in der Stadt und denen mancher mit der natürlichen und vernünftigen Einstellung ausweicht: »Mir is's ganz gleich, was es wird, Hauptsach, es is g'sund!«, insgeheim aber doch solche Vorzeichen in seine Hoffnungen mit einbezieht.

Der Bua

Da drüb'n beim Tiroler
liegt 's Wei in der Stuben.
»O mei«, sagt der Vater,
»scho wieder an Buben!

Und i brauchat a Dirndl
ins Haus – sakradi!
Grad allweil für'n Kaiser,
und nia was für mi!«

Karl Stieler

Gebote – Verbote

Einer werdenden Mutter schrieb man von altersher besondere Kräfte zu, galt sie doch als Symbolfigur der Fruchtbarkeit. Diese verliehen ihr Heil- und Segensstärke, die auf andere Wesen, Menschen, Pflanzen, Tiere überströme. Durch Berührung könne sie Kranke heilen und Alternde verjüngen. Das Gedeihen von Obstbäumen und Feldfrüchten sei gesichert, wenn sie an ihnen vorbei oder über sie hinwegginge. Einer solchen Frau überließ man auch gern den ersten oder letzten Schnitt im Kornfeld, sie sollte die letzte Garbe binden oder zumindest das letzte Fuder heimbegleiten auf den Hof. In der Oberpfalz glaubte man, eine Stute bringe ihr Fohlen leichter, wenn eine schwangere Frau sie aus ihrer Schürze fressen lasse.

Die Ernährung

Die törichte, heute noch oft geäußerte Ansicht, eine künftige Mutter müsse neun Monate lang »für zwei essen«, damit sich das Kind ja gut entwickle, entbehrt jeder älteren Überlieferung, sie taucht in der Volkskunde nirgendwo auf. Wohl aber findet man jederzeit und überall die Ansicht vertreten, daß plötzlich aufkommendem Appetit auf eine bestimmte Speise in jedem Fall Rechnung zu tragen sei, ja, daß sich die Schwangere in einem fremden Haus oder Garten gar »so viel nehmen dürfe, als sie zur Stillung ihres Verlangens brauche«! Will man heute durch die Erfüllung eines solchen Wunsches lediglich einer werdenden Mutter zu Gefallen sein, auch seine Fürsorge zeigen, so war man früher überzeugt, man müsse das für das Wohlergehen des Kindes tun. »G'lust nach Gottesgab macht der Frucht kein Schad« hieß es, bedeutete aber auch: Wird der »G'lust« nicht erfüllt, so kann später einmal das Kind gerade diese Speise sein Leben lang nicht vertragen! Ja, man ging sogar noch weiter und behauptete, wenn eine Schwangere, sobald es sie nach einer bestimmten Speise gelüste, dabei ihren Körper berühre, so bekomme das Kind genau an dieser Stelle ein Muttermal, in der Form dessen, wonach die Mutter damals verlangt habe. So wird von einer Frau im Chiemgau erzählt, die sich wiederholt Johannisbeeren gewünscht, dabei an den Hals gegriffen habe, worauf das Kind mit solchen schwarzen Beeren am Hals geboren worden sei. In einem anderen Fall, der aus der Ingolstädter Gegend überliefert ist, habe das Kind punktförmige braune Muttermale an beiden Armen gehabt, ein Zeichen dafür, daß »der G'lust der Mutter nach Weinbeerl gegangen war«. Solcher Aberglaube trieb teilweise seltsame Blüten, wie etwa diese: »Versagt man einen Rettich, so kann das Kind mit Rettichnase oder ganz ohne Nase auf die Welt kommen« oder »Bekommt sie keine Fische, so bekommt das Kind dafür eine Schuppenflechte«, was letztendlich dazu führte, daß man sich von berufener medizinischer Seite entschieden gegen solchen Unsinn verwahrte.

Der Dresdener Arzt F. A. von Ammon schrieb 1860 in einem auch bei uns verbreiteten Buch: »Falsch ist die Meinung, als wenn jedes sogenannte Gelüste dringend zu berücksichtigen sei, weil aus Nichtbeachtung und Nichterfüllung desselben leicht ein Schaden für Mutter und Kind entspringen könne.« Schon viel früher, zu Beginn des 18. Jahrhunderts, wandte man sich deutlich gegen mittelalterliche Rechtsverordnungen, die besagten, daß schwangere Frauen ungestraft und überall ihre Gelüste befriedigen durften. In der berühmten »Gestriegelten Rockenphilosophie oder aufrichtigen Untersuchung derer von vielen superklugen Weibern hochgehaltenen Aberglauben«, erschienen 1706 in Chemnitz, wurde drastisch gegen diese Einbildung und Irreführung gewettert. Dennoch: Das Zugeständnis, daß ein Ehemann zumindest »einen kleinen« Beitrag zu den neun Monaten leisten könne, den zumindest, einem einen »G'lusten zu erfüllen«, dies hat sich gehalten bis in unsere Tage und läßt brave künftige Väter mitten im tiefsten Winter auf Märkten oder in Tiefkühltruhen nach Erdbeeren suchen oder zu nachtschlafener Zeit den heißersehnten sauren Hering auftreiben, weniger aus Aberglauben als aus Zuneigung.

Nun ist es aber nicht ganz gleichgültig, wie sich die Nahrung einer werdenden Mutter zusammensetzt. Jede Frau wird heute Ratschläge beim Arzt einholen und sie befolgen. Früher war dies selten möglich, und so entstand gar manche abergläubische Vorschrift: »Das Essen von Quitten oder Koriander-Körnern mache Kinder klug, das von Bohnen oder Zwiebeln groß und dünn, von Erdbeeren oder Blaubeeren todernst und von Gockel- oder Ziegenfleisch wollüstig und unzüchtig.«

In der Dachauer Gegend war man überzeugt, Walnüsse machten dem Kind eine grobe, ein dagegen vor dem Zubettgehen verzehrter Apfel eine schöne weiße Haut. Soll gar noch ein Lockenkopferl sich darüber ringeln, so wäre oftmaliges Tragen von Hobelspänen in der Schürzentasche ein gutes Mittel dafür.

Das Versehen

Diese wunderlichen Gebote werden an Zahl weit übertroffen von den Verboten, die man einer Schwangeren auferlegte, teils aus echter Fürsorge, teils aus der festen Überzeugung von einer über das Leibliche hinausgehenden Verbindung zwischen Mutter und Kind, die den Glauben nährte, daß besondere Erlebnisse eine unmittelbare Wirkung auf das Kind ausübten. In diesem Sinne muß man die überall verbreitete Furcht vor dem sogenannten »Versehen« betrachten. Darunter versteht man das plötzliche Erschrecken vor etwas Häßlichem, welches sich später in körperlichen Mißbildungen des Neugeborenen zeige. »Was eine Mutter sieht, fühlt und tut, überträgt sich auf das Kind«, eine Ansicht, der selbst moderne medizinische Lehre nicht in Gänze widerspricht, weiß man doch auch hier um die Stärke seelischen Erlebens. Aber nicht genug damit! Man dachte nicht nur daran, daß ein Versehen während der Schwangerschaft zu Krankheiten und Wachstumsstörung des Kindes ganz allgemeiner Art führen könne, im Glauben an alten Analogie- und Sympathiezauber ängstigte man sich zudem, daß ganz bestimmte Bilder in ganz bestimmten Mißbildungen wiederkehren würden. So sollten nach alter Volksmeinung Hasenscharten und Wolfsrachen auf ein Erschrecken vor dem besagten Tier zurückgehen, bei Maus oder Frosch hätte das zu Tierähnlichkeiten, wie Kopfform oder gar Pfoten beim Kind geführt. Starrte die Schwangere in ein Herdfeuer oder gar in ein brennendes Haus und legte dabei die rechte Hand an ihren Körper, so bekäme das Kind an genau derselben Stelle ein entstellendes Feuermal, Muttermal oder im besten Fall rote Haare. Besonders schlimm seien der Anblick von verstümmelten oder gar toten Menschen, hier müsse man mit schlimmsten Mißbildungen als Folge des »Versehens« rechnen, wenn –, ja wenn die Mutter nicht von der Möglichkeit Gebrauch machte, die Wirkung aufzuheben. Dazu müsse sie sofort zurückgehen, das Schreckliche noch einmal anschaun, dann ihre rechte Hand vor die Augen halten und so fest wie nur möglich an den Namen ihres Mannes denken. Wenn sie darauf beide Hände schnell zurücknähme und murmelte: »weggesagt«, dann würde alles Böse abgelenkt und könne keinen Schaden mehr anrichten.

Ratschläge

Daneben sind aber auch durchaus sinnvolle Vorschriften zu finden, welche das Verhalten der Frau in gesegneten Umständen regeln, wenngleich auch sie nicht selten von kleinen abergläubischen Anhängseln beeinträchtigt werden. So erscheint es absolut richtig, die Schwangere vor übermäßigem Heben und Strecken der Arme zu warnen, dieses wird als besonders gefährlich bezeichnet in Verbindung mit dem Wäscheaufhängen, denn dann »verwickle sich die Nabelschnur«. Eine schwangere Frau soll gewiß nicht viel und unnütz stehen. Im Volksmund aber heißt es in Bayern, sie soll ja nicht heißhungrig vor dem Brotschrank stehen, sonst werde das Kind gefräßig, und im Salzburgischen meint man, es bekäme Mitesser. Auch wird man ihr nicht anempfehlen, sich viel zu bücken oder gar irgendwo durchzukriechen, z. B. unter einer Wäscheschnur oder einer Wagendeichsel, selbiges drücke dem Kindlein das Herz ab. Sie soll auch nicht schwer tragen, wären es gar Äpfel, Kartoffeln oder Eier, die noch dazu in der Schürze lägen, so erhielte das Kind davon lauter Beulen am ganzen Körper. Im Böhmischen heißt es, wenn die werdende Mutter Schnaps trinkt, »so brennt sie dem Kindlein das Herzl aus«. Hängt sie allzu traurigen Gedanken nach, kleidet sich in dunklen Farben, trägt gar schwarze Schürzen, dann wird – so sagte man – das Kind recht furchtsam, und wenn sie gar noch selbst ängstlich in die leere Wiege starrt, so raubt sie dem Kleinen später den Schlaf. Fröhlich soll sie sein, will das alles bedeuten, und sauber soll sie sein! Nicht in schmutziges Wasser mit den Händen langen oder gar einen Wagen schmieren, sonst würde das Kind auch unsauber. Eine hoffende Bäuerin schaut auch nicht beim Saustechen zu, das macht aus dem Nachwuchs einen Mörder! Und mit ihrer Schürze soll sie nichts abwischen, ein Ausschlag am Kopf des Kindes wäre die Folge. Ordentlich anziehen soll sie sich, immer einen Gürtel um die Mitte nehmen und nie einen Strick, es könne einer für das Kind daraus werden, genauso wie jeder Faden, den sie in der Schwangerschaft spänne. Besonders drastisch gibt den Zusammenhang zwischen Mutter und Kind die alte Regel wieder: »Stiehlt die Mutter, so stiehlt auch das Kind.«

Beim Nachdenken erscheint einem auch die Regel recht sinnfällig, eine werdende Mutter solle keinen Blumenstrauß am Ausschnitt tragen, das Kind bekomme sonst einen schlechten Mundgeruch. Diese Konsequenz ist heute wohl nicht einzusehen, wohl aber der Umstand, daß ein ständig süßlich duftender Strauß unter der Nase nicht gerade zum Wohlbefinden einer Schwangeren beiträgt, zumal ihr in den letzten Monaten ohnehin das Atmen schwerfällt.

Überall in Bayern hieß und heißt es noch, aus einem Haus, in dem man ein Kind erwarte, dürfe unter keinen Umständen etwas hergeliehen werden. Darin spiegelt sich gewiß auch die Furcht vor der »Hex«, die bei der Rückgabe mit eingeschmuggelt werden könne; bedenkt man aber, daß der wiedergebrachte Gegenstand – ein Haferl, ein Messer, ein Kopfkissen – oft in nicht gerade keimfreien Zustand gewesen sein mag, so haben sicher schlechte Erfahrungen mit Ausgeliehenem zu dieser alten Regel vom »Ja nix herleicha« geführt. Trotz aller Vorsicht kann die Gesundheit einer werdenden Mutter gelegentlich angegriffen sein. Wenn sich dann gar Krämpfe zeigen, so ist man schnell mit der Erklärung bei der Hand: »Jetzt is die Gebärmutter aus dem Häusl.«

»Nun gibt man in ein feuerfestes Haferl Federn von einer schwarzen Hennen, zündet sie an und stellt das Haferl unters Bett, in das man sich legt. Eine halbe Nußschale voll Schmalz auf dem Nabel und der aufsteigende Rauch der verbrennenden Federn lösen die Krämpfe.« Befolgt man diesen Ratschlag aus der Gegend von Straubing wohl besser nicht, so waren solche, wie sie Dr. Max Höfler gesammelt und vor hundert Jahren in seinem weitverbreiteten Buch »Volksmedizin und Aberglaube« aufgezeichnet hat, schon eher erfolgversprechend. Danach vertrauten Frauen in besagten Nöten auf pflanzliche Mittel, so Frauenmanteltee, Liebstöckl in Milch gekocht, desgleichen Edelraute, aber

Kleinplastik »Maria mit dem schwangeren Leib«
und Andachtsbild vom Bogenberg (Stahlstich mit Stanzspitze).

auch auf Bäder, vor allem unter Zusatz von Kamille, die deshalb auch Mutterkraut genannt wird.
Bäder können nie schaden, denn »wo kein Hilf bei Arzt und Bader, wird der Brunn uns Beistand tun«. Frische Quellen, oft gleich mehrfach entspringend, dabei womöglich ein dunkler Wald, ein Liebfrauenbild dazu, das war der Ursprung von so mancher Wallfahrtskapelle, wie zahlreiche Chroniken solcher Bründlkirchlein beweisen. Sie sind es, die sich dem Hilfeflehen um eine gefahrlose Schwangerschaft besonders anbieten. Dazu war die Meinung verbreitet, daß sich eine werdende Mutter zwar nicht zu viel zumuten dürfe, bei aller Schonung aber im fünften Monat eine Wallfahrt wohl angebracht sei.
So wallfahrten z. B. noch heute die Frauen aus Tölz und der Umgebung zur »Abwendung von Leibesnöten vor und nach der Geburt« nach Birkenstein bei Fischbachau. Auch zwischen Bruck und Starnberg findet sich eine Kapelle mit dem Bild der schwangeren Muttergottes, wohin sich Frauen um eine glückliche Entbindung verloben. In Schwaben ziehen die Frauen zum heiligen Rochus, in dessen Kapelle eiserne Kröten hängen, gegeben für einen glücklichen Ablauf der Schwangerschaft. Am Falkenstein in Oberösterreich kriechen die Bittstellerinnen sogar durch einen hohlen Stein in der Wolfgangskapelle zur Erlangung einer glücklichen Geburt.
Wer solche Strapazen nicht mehr auf sich nehmen will oder kann, verläßt sich letztendlich auf die Hilfe und Fürbitte des heiligen Georg und stiftet ihm, wo immer es auch sei, genau sechs Wochen vor der Entbindung eine zwei Pfund schwere Wachskerze.

DIE GEBURT

Wann die schwaare Stund kummt . . .

Der »kleine Kammerwagen« ist gerichtet. Er enthält die Windeln und Fatschen, die Schnullerhadern, das Taufzeug. Alles liegt lange schon beinander in der Wiege. Wenn die Mutter jetzt nimmer so recht schlafen kann in der Nacht, dann hört sie Geräusche und glaubt aus ihnen die bevorstehende Geburt angekündigt zu bekommen: Plötzlich fließendes oder tropfendes Wasser, obwohl gar keines da sein kann, ein knarrender oder gar einfallender Holzstoß, das wären solche altüberlieferte Anzeichen, daß es – wie man bei uns in Bayern sagt – »nacha bald so weit is«, – daß »d' Frau nach Rom roas'n muaß«, daß es »an Rumpla toa werd« oder daß »bei dene da Ofa ei'fallt«.
In Tirol kann man auch noch »Es gibt Groigg'n (Fettgraupen oder Grammeln/Grieben) ab« hören, besonders dann, wenn Kindcrohren in der Nähe sind. In Vorarlberg raunt man sich zu: »Da Klaus is kumma!«
Jetzt müssen im Haus symbolisch alle Schlösser aufgesperrt, alle Truhen geöffnet und alle Knoten gelöst sein, das soll im übertragenen Sinn die Entbindung erleichtern.
Diese fand immer auf einem separaten Lager statt, nie im gemeinsamen Ehebett der Bäuerin und des Bauern. Bei den einfachen Leuten wird es sich wohl um einen Heu- oder Strohsack in der Ecke der Kammer gehandelt haben. Man nannte ihn in Verbindung mit dem Wort »Kreißen« die »Kreißstatt«, mundartlich der »Kreischta«, wie heutzutage die einzelne Bettstatt der Sennerin auf der Alm noch heißt. Mannsbilder konnte man dabei nicht brauchen, es war nur üblich, daß der Mann seine Frau in der schweren Stunde nicht allein ließ. Er mußte halt in der Nähe bleiben, und dauerte die Geburt länger als erwartet und er hing recht herum, so tratzten ihn die anderen mit: »Bauer, tuast Fuchspas-

Raphael Johann Steidele,
der Anatomie, Chirurgie und der Geburts-
hilfe außerordentlichen öffentlichen Lehrers,
des k. k. vereinigten spanischen und heil. Drey-
faltigkeit-Spitals bestellten Wundarztes,

Lehrbuch
von der
Hebammenkunst,

A.W mit 1780,
Kupfern versehen.

WIEN,
gedruckt bey Joh. Thom. Edl. v. Trattnern,
kaiserl. königl. Hofbuchdruckern und Buchhändlern.

1775.

Frontispiz einer Hebammenschule (18. Jahrhundert).

sen!« oder »Gibt's jetzt bald Erbsen« (die Erbse war dem Donar, dem Gott der Fruchtbarkeit, geweiht). Zuletzt zündete man die Lichtmeßkerze an und stellte sie mit dem Weichbrunnen auf das Fensterbrett, hielt für die Frau Kaffee und Branntwein, Kamillentee und Mutterkorn bereit. In der Dachauer Gegend kochte man zwei Eier und gab ein paar Löffel vom Kochwasser der Frau zu trinken. »Des treibt's na scho außa«, hoffte man.

Die Hebamme

Einer Frau in ihrer schweren Stunde eine Frauensperson an die Seite zu stellen, einerseits zur Hilfe, andererseits zur Beruhigung, geht auf uralte Tradition zurück. Schon im Edda-Lied wird uns geschildert, daß bei den Nordgermanen eine befreundete Frau, die sich durch einen Eid zu solcher Hilfeleistung verpflichtet hat, »eilig zur Gebärenden reitet«, hier angekommen »sich vor die Knie der Kreißenden setzt« und »Weisen singt« (Gebete, Beschwörungen und Zauberformeln), welche die Wirkung haben sollten, die Geburt zu fördern.
Das Wort »Hebamme« geht auf das althochdeutsche »hefianna« = Hebemutter zurück, was sich daraus erklärt, daß sie nach der Geburt das Kind auf Befehl des Vaters hochzuheben hatte, worauf dieser kraft seines väterlichen Rechts erklärte, ob er es leben lassen und als Kind annehmen wollte.
Berufsmäßige, vereidigte, sogenannte »geschworene« Hebammen kennt man in Bayern seit etwa 1450; in Regensburg mußten sich Hebammen zu dieser Zeit bereits einer Prüfung unterziehen und unterstanden einer eigenen Ordnung. Hundert Jahre später wird von einem Physikus in Passau berichtet, der dort die Hebamme zu prüfen hatte, und wieder etwas später, 1589, wird im Heiliggeistspital in München die erste deutsche »Gebärstube« zum Zweck des »Lehrens der Hebammenkunst« eingerichtet. Ab 1780 scheint es in den meisten größeren Orten Bayerns eigens ausgebildete Hebammen gegeben zu haben, so wurden beispielsweise 1692 in Berchtesgaden »zwei geschworene verständige Hebammen zu fürfallenden gefährlichen Fällen« neu eingestellt, »welche vom fürstlichen Landesgerichte und den beiden Bür-

germeistern erkiest, vorgestellt und der Besoldung halber kontentiert wurden«.

In dieser Zeit erschien auch das erste brauchbare Lehrbuch über Geburtshilfe, »Die churbrandenburgische Hoff-Wehmutter«, einer Hebamme in dreißig Jahren gesammeltes Wissen. Aber schon vorher, wie das hier abgebildete Titelbild der »Neueröffneten Heb-Ammen-Schuhl« vom Jahr 1679 zeigt, veröffentlichten Hebammen ihre Erfahrungen; oft widmeten sie ihr Werk den Landesfürstinnen, die sie zu solchen Aufzeichnungen wohl animiert hatten.

So lag die Geburtshilfe im 17., auch noch in der ersten Hälfte des 18. Jahrhunderts ganz allein in den Händen der Hebammen, die sich Wissen und Erfahrung selbst aneignen mußten. Und wußten sie sich einmal gar nicht mehr zu helfen, so schickten sie um den Bader, nicht um den Arzt. Denn Ärzte der damaligen Zeit waren bis auf wenige Ausnahmen der Ansicht: »Die Geburtshilfe und Kinderheilkunde ziemt sich nicht für Männer!« 1902 besaßen nur acht deutsche Universitäten eine Kinderklinik, und noch 1907 konnte der ärztliche Kreisverein von Offenbach monieren, die Bezeichnung »Kinderarzt« entspreche nicht der Würde des Standes!

Nicht nur in Bayern, in ganz Deutschland bemüht man sich um eine allgemeine Ausbildung der Hebammen erst ab der zweiten Hälfte des 18. Jahrhunderts. So wird in dieser Zeit als eine der ersten ihrer Art in Straßburg eine Schule errichtet, deren Absolventinnen auf das Land gehen und ihr Wissen weiter verbreiten sollen, »um dem Staat viele Menschen zu erhalten, die durch die einfältigen Bauernammen oder Badmütter sonst zugrunde gingen«. Tatsächlich war es so, daß in den »ungefährlichen Fällen« – aber wer erkannte sie schon zuvor als solche! – sich meist die ältesten und erfahrensten Mütter des Dorfes, vielfach die Nachbarinnen, einstellten und ihr traditionell und familiär erworbenes Wissen anwandten, aber auch Mittel, die sie nur allzu leicht in den Ruf von »Meisterinnen der schwarzen Schule« brachten.

Noch 1847 heißt es in einer Instruktion für Hebammen: »Sie sollen sich christlich, ehrbar, keusch und sittsam betragen und immer nüchtern sein!« Reinlich müssen sie sein, vor allem die Hände geschmeidig halten. Und sie sollten sich nach besten Kräften dem Gebrauch abergläubischer und schädlicher Mittel bei Gebärenden und neugeborenen Kindern widersetzen. Und doch rief man noch lange Zeit lieber ältere Hebammen mit großer Erfahrung als jüngere, obgleich die über einen neuen Wissensstand verfügt hätten und sich nicht mehr »mit Schnaps und Wein oder Bier in ihrem verantwortungsvollen Berufe regalieren ließen«, wie dies die alten noch gerne taten. Denn die Hebamme, die »Höfin«, das »Krebsweibl« oder das »Mordioweib« war schon immer eine Vertrauensperson, die in Brauch, Glauben und Aberglauben eingebunden war. Man mußte auch Zutrauen zu ihr haben, denn nach alter Überzeugung konnte sie hellsehen, das Zukünftige, vor allem Geburt und Tod, erblicken.

Auch war ihre Tätigkeit mit der Geburt beileibe noch nicht beendet. In der Dachauer Gegend nannte man sie dann »Schopperin«, weil sie Mutter und Kind zu füttern hatte, wie sie überhaupt so lange dablieb, bis das Wichtigste vorüber war. Die weitere Pflege von Mutter und Neugeborenem übernahm dann eine »Auswarterin«, die im Inntal auch »B'secherin« genannt wurde, meistens Mutter, Schwester oder sonstige Verwandte der Wöchnerin.

Von einer gescheiten alten Hebamme, die heut schon hoch in den Neunzigern steht, stammt der Spruch: »A guate Hebamm, de braucht zweierlei: A guate Glocken und viel Geduld!«

Sie meint auch, daß man es vor fünfzig, sechzig Jahren schon noch arg dem Zufall überließ, das Kinderkriegen, während man für das Vieh regelmäßig den Arzt holte, wenn es hart auf hart ging. Noch bis zum Zweiten Weltkrieg waren etwa die Hälfte der Geburten Hausgeburten, vor allem im Winter in ungeheizten Kammern und bei Petroleumlicht immer eine riskante Sache mit ungewissem Ausgang. »Heute«, sagt sie, »da is nimmer viel dabei, wenn man einen Doktor daneben hat, de Verantwortung ko'st leicht trag'n!« Kurzen Prozeß macht sie auch mit Bauern, die nach der Entbindung ihre Frau tagelang nicht mehr anschauen, wenn es kein Erbe ist! »Wannst an Buam willst, Bauer, na muaßt z'erst oan macha!«, und dagegen kann so leicht keiner etwas sagen.

Das böse Leid

»As böse Load« nannte man im Volksmund die Wehen, und die Hebamme, welche darüber wachte, hieß »as Loadwei«, auch »as schiache Wei«.

Das Schlimmste für eine Mutter war nicht der körperliche Schmerz, mehr die Furcht vor dem Unbekannten, ja Unheimlichen, was da mit ihr geschah. Wen wundert es, daß man an den Teufel, an Druden und Hexen dachte, an feindliche Mächte, wie sie ja zu den wichtigsten Zeitpunkten im menschlichen Leben – Geburt, Hochzeit und Tod – bevorzugt und in Scharen auftauchen sollten. Und wen wundert es zudem, daß man zu deren Abwehr auf die absonderlichsten Mittel und Wege verfiel.

Schon der Gang um die Hebamme bedeutete Gefahr. So steckte das Mannsbild, das die Wehfrau zu holen hatte, der Knecht etwa oder der Bauer selbst, etwas Geweihtes in die Tasche, ein Palmkatzerl, etwas Dreikönigsbrot oder Dreikönigssalz, wenn er nicht gar die Strümpfe verkehrt herum anzog, um so dem Verhextwerden zu entgehen. Im Bayerischen Wald holte man die Hebamme nie allein ab, immer zu zweit, und ein Benediktuskreuz oder ein Flascherl Weihwasser waren das mindeste, was man zum Schutz in der Manteltasche mittrug.

Druden und bösen Geistern versuchte man den Zutritt zur Wochenstube mit abschreckenden Gegenständen und Zeichen zu verleiden oder zumindest zu erschweren. Als abwehrend galten Ziegenhaare und Drudenfuß, vor allem aber scharfe und blinkende Messer.

»Haar von a Goaß machan da Drud hoaß«, hieß es, und so gehörten Barthaare des Ziegenbocks bei einer tüchtigen Hebamme geradezu zur Grundausrüstung für die Hexenabwehr. Diese wurden zusammen mit geweihten Birkenreisern von einem Fronleichnamsaltar in ein weißes Tüchlein gebunden und unter das Kopfkissen des Wochenbetts gelegt. Auch tat man gut daran, an die Tür der Wochenstube einen fünfeckigen Drudenfuß aus Weidenrinde, ein sogenanntes Schratlgaderl, zu nageln, wie auch Bettlade und Wiege möglichst einen mit Kreide aufgemalten »Drudenhax« tragen sollten.

Größte Abwehrkraft schrieb man Messern zu. So soll selbst in unserem Jahrhundert noch manche Hebamme ein großes, scharfes Messer mit

Fraisenschlüssel.

der Schneide nach oben in die Bettlade, direkt über den Kopf der Gebärenden gestoßen haben, womit verhindert werden sollte, daß eine Hexe die Kreißende quälte. Die Hexe müßte nämlich sonst auf der Schneide reiten, was sie nicht aushielte. In Tirol versteckte man im Strohsack, – und dann nicht ganz so martialisch anzusehen –, ein Taschenmesser, in dessen Klinge eine ungerade Zahl von Kreuzen eingeritzt war oder man stieß es unten in die Rückseite der Bettwand. Den gleichen Dienst tat auch ein Messer, in dessen Klinge das Monogramm Christi oder drei Fledermäuse eingeschlagen waren. Dieses legte man direkt ins Bett, und zwar so, daß die Spitze in die Höhe stand und die bösen Krankheitsgeister sich an ihr aufspießen mußten.

Im Chiemgau war es der Brauch, die Pantoffel unter das Bett und nicht daneben zu stellen, damit die Drud nicht darin aufrecht stehen konnte. Sei es, damit die Drud sie nicht erkenne, sei es, damit seine Kraft auf sie übergehe, sollte die Frau auch Kleidungsstücke des Mannes, bevorzugt das Hemd, anlegen oder bei sich haben. So versteckte man in Tirol Hose und Schuhe des Mannes im Fußteil des Bettes.
War die »Schwere Stunde« endlich gekommen, so wußte man auch dann, um die Geburt zu erleichtern, manchen abergläubischen Rat. Butter auf die Zunge zu streichen, würde die Geburtswehen ebenso lindern, wie einen Schlüssel unter die rechte Kniebeuge zu binden oder den Ehering der Schwiegermutter anzustecken. Vielerorts band man der Gebärenden Stücke vom geweihten Lichtmeßwachs um das Handgelenk oder um den Stiel des Eßlöffels.
»As Stünderl bringt 's Kinderl«, sagte ihr die Hebamme immer wieder vor, wenn es gar nicht vorangehen wollte.

Geistliche Zuflucht

Die Geburt eines Kindes bedeutete noch im vorigen Jahrhundert für die Mutter akute Lebensgefahr. Dem mörderischen Kindbettfieber, dessen Ursachen man erst um die Mitte des 19. Jahrhunderts erkannte, und auftretenden Komplikationen stand man von der medizinischen Seite hilflos gegenüber. Sterbebücher aus jener Zeit und alte Grabsteine in abgelegenen Orten geben beredtes Zeugnis. Männer, die mehrmals heirateten, weil sie ihre Frauen im Kindbett verloren hatten, waren keine Seltenheit.
Naheliegend, daß sich eine werdende Mutter in ihrer schweren Stunde Gott, Marien und den Heiligen anvertraute. Not, Angst und Vertrauen flossen ins Gebet ein, wie das folgende aus der »Stuttgarter Hebammenschul« von 1679 wohl eindrucksvoll zu spüren gibt:

»Starker Herr und großer Gott,
es nahet sich mein Angst und Not,
ich hab vonnöten Kraft und Stärke
in diesem meinem schweren Werke.

Jetzt ist mein Stund der Traurigkeit,
mein Herz ist voller Angst und Leid,
ich angsthaft hin und her mich winde
und nirgends keine Rettung finde.

Es findet sich groß Ungemach,
mein Kraft ist zu dem Werk zu schwach,
mir aller Witz und Kunst entgehet,
der Menschen Hilf auch nicht bestehet.

Wo soll ich mich denn wenden hin,
weil ich in solcher Trübsal bin?
Zu dir, Herr Jesu Christ, ich eile,
mir Beistand, Hilf und Trost erteile.

Steh mir in meinen Nöten bei,
zur Arbeit Kraft und Stärk verleih.
Und mach mich dazu unverdrossen
zu dulden, was du mir beschlossen.

Gib, daß dies Werk mir wohl geling
und es durch deine Hilf vollbring.
Laß mich dein helfend Hand erreichen,
daß kein Weh mög umsonst hinschleichen.

Wann ich ein wenig ruhen kann,
so hilf, daß ich spann wieder an.
Ach Herr, mich meiner Bitt gewähre
und mir ein frisches Kind beschere.

Weil du nach dieser großen Last
die Freud darauf verheißet hast,
verleih dein Gnad zu diesem Wehe,
damit kein Mißgeburt geschehe.

Noch sonst gescheh ein Herzeleid,
erfreu mich nach der Traurigkeit,
mein Kindlein laß die Tauf erreichen,
die ist ein Bund- und Gnadenzeichen.

Damit, wann es von Sünde rein,
es dir mög fest verbunden sein.
Ererben dort das ewig Leben,
weil Christus sich für uns gegeben.

Und wann auch mir der bittere Tod
das Leben nimmt in dieser Not,
so wollst mein Seel an meinem Ende
einschließen in dein Gnadenhände.

Mach's, wie du willst, mach's wunderlich,
allein, bitt ich, mach's seliglich,
und laß mich deinen guten Willen,
auch in der höchsten Not erfüllen.

Amen!«

In alten Mirakelbüchern finden sich die Berichte über Gelübde in Kindsnöten und deren Erhörungen zu Hunderten. Die Kirche empfahl den schwangeren Frauen die Sakramente zu empfangen und das ungeborene Kind einem Apostel zu weihen, daß es am Leben bleibe. Fleißiger Meßbesuch während der Schwangerschaft würde gewiß auf eine leichte und schnelle Geburt angerechnet werden. Dreimal am Morgen das Kreuzzeichen über den Leib der Gebärenden zu machen, war in der Dachauer und Brucker Gegend der Brauch, ebenso das »Niedersegna«, bei dem mit einer am Lichtmeßtag geweihten Kerze kreisende Bewegungen über der Kindbetterin vollführt wurden.
Die bedeutendste Patronin der Gebärenden war von jeher die heilige Margarete, eine der drei heiligen Madl, deren Festtag am 20. Juli gefeiert wird. Vor ihrer grausamen Enthauptung soll die Märtyrerin Gott um die Gnade angefleht haben, daß jede Mutter, die sie als Fürspreche-

Ankunft Mariens bei ihrer Base Elisabeth.
Bibelillustration, Kupferstich (18. Jahrhundert).

rin um ein gesundes Kind anriefe, erhört werden möge. In Bayern läßt man noch heute Messen zu Ehren der Heiligen mit der Bitte um eine leichte Geburt lesen.
Auch die heilige Elisabeth galt als Fürsprecherin in Kindsnöten. Höchstgestellten Damen des Adels scheint es sogar möglich gewesen zu sein, sich Becher, Gürtel und Löffel der Heiligen auszuleihen, um sie in der schweren Stunde bei sich zu haben, worauf ein Brief aus dem Jahre 1404 hinweist, in dem die Kurfürstin Anna von Brandenburg um die Überlassung der drei Kleinodien bittet, weil sie ein Kind erwartete. Und in vielen weiteren Heiligen sah man Fürbitter, in der heiligen Notburga Vidua zum Beispiel, einer schottischen Königstochter, desgleichen im heiligen Expeditus, in Sankt Apollinaris, im heiligen Antonius von Padua, wie in Hyacinthus, dem heiligen Dominikanermönch. Auf alten Kupferstichen wird auch Ignatius von Loyola als »Zuflucht der Gebärenden, Hilf in allen Anliegen« genannt. Und sogar der heilige Leonhard, einer der beliebtesten bayerischen Volksheiligen, den man vor allem als Patron des Viehs und Fürbitter der Gefangenen kennt, wird bei den zahlreichen Leonhardifahrten auch um eine glückliche Entbindung angerufen. Der heilige Leonhard lebte im 6. Jahrhundert als Einsiedler in Frankreich. Er soll der Legende nach der Königin Clothilde das Leben gerettet haben, als sie im Wald von der Geburt ihres Kindes überrascht wurde.

Amulette

Die Ratlosigkeit der Frauen in ihrer schweren Stunde und die damit verbundene Hilflosigkeit ist gewiß als Ursache dafür anzusprechen, daß man sich nicht allein auf den Schutz der Kirche, nicht nur auf die Frömmigkeit verlassen wollte, sondern auch an die Wirkung anderer Hilfsmittel glaubte, die wir heute mit dem Sammelnamen »Amulette« belegen. Dieses Fremdwort wurde von unserem Volk nicht gebraucht. In der römischen Kaiserzeit bezeichnete man mit »amuletum« ein Anhängsel, vielleicht läßt es sich auch vom Verb »amoliri« ableiten, was so viel bedeutet wie abwälzen, sich etwas vom Halse schaffen. Interessant ist, daß es in der deutschen Sprache des 16. und 17. Jahrhunderts

Hl. Antonius von Padua.
Schnittbild (18. Jahrhundert).

Einlegebildchen »Kindltoni«.
Kupferstich (18. Jahrhundert).

Kupferstich in Punktiermanier
(19. Jahrhundert).

noch nicht auftaucht, sondern der Begriff Amulett mit »Arznei, so man um den Hals henkt« umschrieben wird. Und so sprachen bis ins vorige Jahrhundert hinein die Leute auch nur von »Anhängseln«.

Der Brauch, sich Amulette als Schutzmittel gegen Geister und deren bösen Einfluß anzuhängen, ist uralt. Er läßt sich immer und bei allen Völkern nachweisen. Das Zeitlose, Ähnliche, ja oft Übereinstimmende in der Verwendung der Amulette brachte es auch mit sich, daß eine Trennung zwischen Nichtchristlichem, »Heidnischem« und Christlichem hier äußerst schwerfällt. Oft liegt christliches Gewand über einem viel älteren Kern, oft sind Christliches und Heidnisches vermischt, gar nicht so selten liegen sie dicht beieinander.

Die Kirche hatte in allen Jahrhunderten gegen Ausuferung und Mißbrauch zu kämpfen. Auch die weltliche Obrigkeit wandte sich immer wieder gegen die »außergewöhnliche Anwendung« der Amulette, wie

Skapuliere. Kupferstiche auf Seide (um 1800).

Fraisenkette (um 1800).

Seidenes Gebärband mit »Zertifikat«,
Walpurgisköfferchen mit Ölfläschchen.

etwa im »Landgebot des Herzogs Maximilian von Bayern« aus dem Jahr 1611, in dem verboten wurde, »solche am Hals oder Leib zu tragen, oder solche an Türen, Kästen, Truhen, Bettstätten oder Wiegen zu hängen, außer denen, die von der Kirche ausdrücklich erlaubt waren, nämlich Kreuze, Medaillen und Reliquien«. So viel und so heftig man auch gegen die Verwendung der Amulette wetterte, getragen wurden und werden sie immer. Sie begleiten den Menschen von der Wiege bis zur Bahre. Dem Glauben an die schützende Kraft solcher Gegenstände begegnet man nicht bloß auf dem Land, gerade auch in der Stadt, hinauf bis in die höchsten Stände. Mancher lächelt darüber – und trägt sie doch: Hilft es, ist es recht, hilft es nicht, kann es wenigstens nicht schaden; vielleicht hat es auch an der richtigen Einstellung dazu gefehlt!

Geschnitzter und gefaßter Walpurgisschrein,
stoffbezogenes Walpurgisköfferchen,
Walpurgisöl-Behälter in Silberfiligran (18. Jahrhundert).

Geschnitzter und gefaßter Walpurgisschrein
mit Bildnis der Heiligen auf Pergament (18. Jahrhundert).

Zu den Amuletten, die ein Miteinander von kirchlich Erlaubtem und Unerlaubtem verkörpern, gehört die »Fraisbeten« oder das »Große G'weichtl«, ein Kettchen, dessen Glieder oft aus Glasperlen, manchmal auch aus aufgefädelten feinsten Natternwirbeln (»Heckwurmperlen«) bestehen und mit zahlreichen Anhängseln verschiedenster Art besetzt sind. Da findet man das geweihte Benediktuskreuz als Schutz gegen böse Geister neben dem »Schweinsg'hörl«, einem Knorpel (Labyrinth) aus dem Ohr des Schweins, gegen Zahnweh, wogegen auch ein silbergefaßter Eberzahn gut ist. Da baumelt ein Altöttinger Gnadenpfennig mit dem Bild der »schwarzen Mari« zusammen mit seinem Gegenstück von Maria Dorfen, Maria Hilf von Passau oder Maria Zell in der Steiermark, daneben aber auch ein Stückerl Bergkristall oder rote Koralle, und alles miteinander half eben in sämtlichen Kindsnöten!

Um den Leib der Gebärenden legte man zur Schmerzlinderung »Gebärbänder«. Diese kamen bevorzugt aus Eichstätt, wo sie mit dem Bild der heiligen Walpurga bedruckt und an dem wundertätigen Bekkenknochen der Heiligen »anberühret« worden waren. Später besprengte man die Bänder aus Eichstätt mit Walpurgisöl, dem heilkräftigen Wasser, das sich jedes Jahr zwischen Oktober und Februar am Boden des Gruftschachts sammelt, in dem die Heilige begraben liegt. Aus Neukirchen-Heiligenblut im Bayerischen Wald kamen Bänder, meist 12 cm breit und 1 m lang, auf die das dortige Gnadenbild und entsprechende Gebete aufgedruckt waren.

In der Steiermark findet man auf solchen Bändern das Bild des heiligen Ursus neben Vogeldarstellungen, vorchristlichen Symbolen für Frucht-

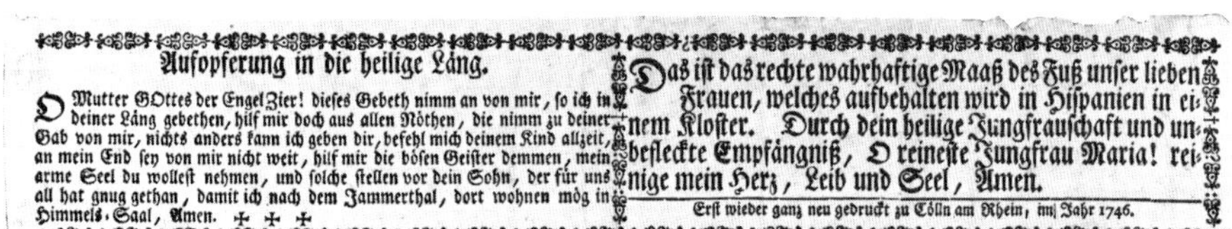

Aufopferung in die heilige Läng.

O Mutter GOttes der Engel Zier! dieses Gebeth nimm an von mir, so ich in deiner Läng gebethen, hilf mir doch aus allen Nöthen, die nimm zu deiner Gab von mir, nichts anders kann ich geben dir, befehl mich deinem Kind allzeit, an mein End sey von mir nicht weit, hilf mir die bösen Geister demmen, mein arme Seel du wollest nehmen, und solche stellen vor dein Sohn, der für uns all hat gnug gethan, damit ich nach dem Jammerthal, dort wohnen mög in Himmels-Saal, Amen. ✠ ✠ ✠

Das ist das rechte wahrhaftige Maaß des Fuß unser lieben Frauen, welches aufbehalten wird in Hispanien in einem Kloster. Durch dein heilige Jungfrauschaft und unbefleckte Empfängniß, O reineste Jungfrau Maria! reinige mein Herz, Leib und Seel, Amen.

Erst wieder ganz neu gedruckt zu Cölln am Rhein, im Jahr 1746.

Teil einer »Heiligen Läng« (18. Jahrhundert).

barkeit. Diese dürften wohl in Oberitalien hergestellt und von dort in die Alpenländer gebracht worden sein.
Die sogenannten »Schutzblätter« waren etwas größer und meist auf Papier gedruckt. Ihrer weiten Verbreitung wegen – man findet sie in ganz Österreich und Böhmen, speziell aber in Bayern und Tirol – nehmen die »Läng Christi« und die »Läng Mariens« den ersten Platz ein. Die etwa 7 cm breiten und bis 175 cm langen, aneinandergeklebten Streifen waren mit vielen Gebeten und Schutzformeln bedruckt. So kann man auf einem lesen: »Heilige wahre Länge Christi, bewahr mich vor allem Unglück, vor Gefängnis, schädlichen Wunden, Lästerzungen, Feuer, Wasser, Räubern, vor Vergift- und Vergebungen, vor Zauberinnen und Hagelschlag, vor Kindsnöthen und Todgeburt . . .«
Das Umbinden und Umgürten gehört wohl zu den ältesten Schutz- und Weihegesten der Menschheit. Den Leib einer Kreißenden zu umwinden, um die Geburt zu erleichtern und zu einem guten Ende zu bringen, dürfte mit zum frühesten Brauchtum überhaupt zählen.

Das Gebärfläschchen

Ein kostbares und wohl nur reichen Frauen zugängliches Amulett war das »Xaveriflascherl«, ein Gebärfläschchen von etwa 10 cm Höhe, aus dickwandigem Glas gegossen oder fein geschliffen. Darin befindet sich in reicher Goldfiligranfassung eine Reliquie. Diese kann vom Sarge des heiligen Franz Xaver, Aloisius oder von dem des großen polnischen Nothelfers Sankt Stanislaus stammen. Man gab das Flascherl zur Schmerzerleichterung der Kreißenden in die Hand, und zwar in die linke, wenn sie sich ein Mädchen, und in die rechte, wenn sie sich einen Buben wünschte. Weil das Glas so dick war, konnte es auch bei stärkster Umklammerung nicht zerbrochen werden, wirkte aber durch das Vertrauen in die Reliquie, wie auch durch die Möglichkeit, etwas drükken zu können, beruhigend und schmerzlindernd.

»Gebär- oder Geburtsfläschchen«,
sog. »Xaveriflascherl« (18. Jahrhundert).

Verschiedene Formen von Agnus Dei mit silbernen Behältern, sowie im Vordergrund ein silbergefaßter Schreckstein.

Das Agnus Dei

Weitaus häufiger traf man im Hausbesitz die sogenannten »Agnus Dei« an und bis vor wenigen Jahren konnte man sie auch noch an der Wand mancher bayerischer Feldkapelle finden, diese ovalen, weißen Wachstäfelchen unter Glas und Rahmen, die in erhabener Prägung ein Lamm Gottes und auf der Rückseite das Bild eines Heiligen zeigen. Sie mußten aus reinem weißen, mit Heiligem Öl und Balsam gemischtem Wachs sein und wurden vom Papst bei seinem Pontifikatsantritt und danach alle sieben Jahre geweiht. Ihr besonderer Segen galt allen gebärenden Frauen und Neugeborenen; sie bewahrten aber genauso vor Unwetter und Krankheit, allen »Widerwärtigkeiten zu Wasser und zu Lande«.

Das Agnus Dei.

Das Breverl

Einer der beliebtesten Helfer, den man einer Gebärenden unter das Kissen stecken konnte, zum »Schutz vor allem Ungemach des Leibes und der Seele«, war das »Breverl«, ein Schutzbriefchen, hoch geweiht und meist innerhalb einer Familie seit Generationen vererbt. In einer oft kostbar gestickten Hülle, einem Kissen gleich, steckt ein 4 x 6 cm großes Briefchen, das sich nach allen Seiten auffalten läßt und neun Kupferstiche von verschiedenen Heiligen zeigt. Häufig sind Anastasia, Antonius und Sebastian, fast immer jedoch die Heiligen Drei Könige als Beschützer mit der »breitesten Wirkung« dabei. Das Kernstück aber stellt eine Raritätensammlung in Miniatur dar: Scheyrerkreuz, Sebastianspfeil, Benediktuspfennig, eine winzige Madonna neben Palmkatzerl, einem Bröckerl Lichtmeßwachs, Heiligenreliquien, Farnblättern und weißen Samenkügerln. Es ist eine wundersame Vereinigung von »sacra«, also geweihten Gegenständen und Zeichen des Aberglaubens. Nur konnte eine Gebärende sich nie an dem köstlichen Anblick erfreuen, denn das Breverl mußte, um wirken zu können, stets fest verschlossen bleiben, sonst »war der Weich dahin«, und weiß Gott, was dann alles passieren konnte!

Breverl in verschiedenen, schön gestalteten Behältnissen.

Breverl, geöffnet und gerahmt.

Kissen- und herzförmige, bestickte Breverl.

Die Steine

Häufige Verwendung fanden die zahlreichen Amulette aus dem Mineralienreich. Unter ihnen spielten »Blutsteine« und »Schrecksteine« die größte Rolle.

Beim Blutstein handelt es sich um Hämatit, eine glänzende, dunkelgraue Eisenoxidverbindung, die, in Gold oder Silber gefaßt, als Amulett geradewegs zum Handwerkszeug einer Hebamme gehörte. Wurde der Blutstein in vielen Gebieten, wie etwa in der Steiermark, der künfti-

Silbergefaßte Schrecksteine.

gen Mutter lediglich in die Hand gedrückt, schabte man in Bayern von ihm rotes Pulver ab, rührte es in Wein oder Wasser ein und gab davon der Gebärenden zu trinken. Man verließ sich – wohl wegen der Farbe – darauf, daß diese Flüssigkeit Blutungen zum Stillstand bringen könne. Mancherorts verwendete man statt Hämatit auch tropfen- und herzförmigen Iserin oder Jaspis als »Blutstein«, um das »Überlaufen des Herzblutes« zu verhindern. Desgleichen hing man Amulette aus Heliotrop der Frau um den Hals. Die rötlichen Punkte auf dem grünen Stein sahen wie Blutstropfen aus.

Schrecksteine sollten die Gebärende vor dem Erschrecken bewahren, ihr Ruhe geben und nach der Geburt beim Stillen das plötzliche Versiegen der Milch verhüten. Das Material kann Bergkristall, Achat, Karneol oder bräunlicher Serpentin sein.

Meist sind die Anhänger herzförmig und in vergoldetes Silber gefaßt. Sie werden dann »Verschreiherz« genannt. Schrecksteine erfreuten sich weit über Bayern hinaus großer Beliebtheit. Nach der Geburt wurden sie gerne den Kindern umgehängt, um auch sie vor dem plötzlichen Erschrecken zu bewahren.

Ein Amulett, das man schon vor der Geburt zum Schutz vor zu früh einsetzenden Wehen trug, war der »Schepperstein«, auch Adler- oder Klapperstein genannt. Scheppersteine sind bräunliche, runde und innen hohle Gebilde aus Toneisenstein von verschiedener Größe. In ihrem Inneren besitzen sie einen verhärteten, losen Kern, der beim Schütteln klappert, worauf ihr Name zurückgeht. Die Analogie zum Kind im Mutterleib liegt auf der Hand. Anwendung fand das Amulett, indem es sich die Schwangere um die linke Hüfte band.

Scheppersteine scheinen zu den ältesten und weitestverbreiteten Geburtsamuletten zu gehören. Schon in der Naturgeschichte des Plinius werden Scheppersteine erwähnt, und auch heute noch spielen sie im katholischen Italien genauso eine Rolle wie im kommunistischen Rußland. Als Kuriosum sei erwähnt, daß man sie in Rußland früher auch sozusagen »leihweise« den Kühen umgehängt hat, um das Kalben zu erleichtern, wie man sie auch symbolhaft in die Zweige von Obstbäumen gehängt haben soll, damit die Früchte besser ausreifen und nicht vorzeitig abfallen.

Wehenkreuz (Vorderseite).

In Bayern wurden sie von geschäftstüchtigen Hebammen für die Dauer der Schwangerschaft und Geburt verliehen, gegen Vorauszahlung, versteht sich.
Hoch geachtet und dementsprechend begehrt waren bei Hebammen und bei Gebärenden grüne Amulettsteine. Man trug sie als Ring am Finger oder als Anhänger am Brustgeschnür; bei der Geburt wurden sie der Frau auf den Leib gelegt, um die Wehen zu mildern. Das bekannteste und auch kostbarste Steinamulett ist das – auch künstlerisch meist hochwertige – Wehenkreuz, das aus länglichen grünen Malachitsteinen zusammengesetzt ist und zusätzlich mit Granaten und Steinbockshorn zur Abwehr von Krämpfen verziert sein kann. Ein Wehenkreuz konnte sich schon damals nur eine wohlbetuchte Hebamme oder Großbäuerin

leisten; heute muß man es als große Rarität betrachten, die im Gegensatz zu den anderen Amuletten fast nur mehr in Museen zu finden ist.

Muscheln und Schnecken

Als Amulette tierischen Ursprungs waren Muscheln und Schnecken in Gebrauch. In Apotheken konnte man sie kaufen. Am beliebtesten scheint das Tragen der Kaurimuschel gewesen zu sein, die man silbergefaßt auch an die Uhrkette hing. »Otternköpfl« oder »Schlangenköpfel« sagten Bauern und Fuhrleut zu ihr, weil sie sich unter einer Muschel nicht viel vorstellen konnten, die charakteristische Form aber ihre

Wehenkreuz (Rückseite).

»Hochmutter«-Anhänger, »Hochvater«-Ring, »Natternköpfl«, Schreckstein.

Phantasie beflügelte, so daß sie das Gebilde mit »Fruchtbarkeit« zusammenbrachten. So »lieh« der werdende Vater das Amulett zur Geburt auch gerne aus, um nach deren glücklichem Ablauf es überall als wundertätig herumzuzeigen.

Von der im Meer lebenden Turboschnecke wurden nur die Schalendekkel in Silber gefaßt und je nach ihrer Form als »Hochvater« oder »Hochmutter« bezeichnet. Sie sollten nicht bloß Gewähr für Kindersegen geben, sondern ebenso eine komplikationslose Schwangerschaft und schnelle Geburt bewirken. Insbesondere nach Fehlgeburten oder nach Jahren der Unfruchtbarkeit hoffte man durch sie auf ein neuerliches, glücklicheres Wochenbett. Vielfach bewahrte man Hochvater oder Hochmutter in silbernen, mit Samt ausgepolsterten Kapseln auf, was sie schon als Amulett eines reichen Bauern, Gastwirts oder Händlers auswies.

Die Rose von Jericho

Eine Pflanze, die während der Kreuzzüge zu uns gebracht wurde und sich bei Gebärenden großer Wertschätzung erfreute, war die »wunderbare Rose von Jericho« (Anastatica hierochuntica). Sie soll die erstaun-

Rose von Jericho, geschlossen und geöffnet.

liche Eigenschaft haben, im getrockneten Zustand jahrzehntelang zu überdauern. Taucht man sie dann in Wasser, so entfaltet sie sich wieder. Schon in einem Kräuterbuch vom Jahr 1565 wird berichtet, daß es üblich gewesen sei, bei beginnenden Wehen eine »Jerichorose« in Wasser zu legen. Die Geburt würde dann glücklich beendet sein, sobald die Pflanze alle ihre Blätter entfaltet hätte.

Was die Geburtsstunde alles bringen kann ...

Die Geburtsstunde eines Kindes wurde von jeher als bedeutungsvoll und bestimmend für seine Zukunft erachtet. So galt die Stunde nach Mitternacht als besonders glückverheißend, obwohl man sagte, Nachtkinder seien schläfrig, Tagkinder munter. Bei Vollmond geborene Kinder, hieß es in der Dachauer Gegend, würden schön und gesund werden, bei abnehmendem Mond dagegen kämen schwächliche auf die Welt. Auch der Wochentag sollte das Schicksal maßgeblich beeinflussen. Man meinte: Montagskinder werden gescheit, Dienstagskinder reich, Mittwochskinder redselig, Donnerstagskinder zornig, Freitagskinder haben es schwer und müssen sich alles erkämpfen, Samstagskinder nehmen es mit der Sauberkeit nicht sehr genau, sind aber »Muttergotteskinder« und gelten als für den Klosterberuf gut geeignet, Sonntagskinder sind »Herrgottskinder« und begnadet in jeder Hinsicht, sie finden vergrabene Schätze, gewinnen im Glücksspiel, bisweilen können sie gar Geister und Hexen erkennen.

Selbstverständlich spielte das Tierkreiszeichen eine Rolle. So heißt es in einem Kalender von 1742: Waage- und Zwillingskinder entwickeln sich kräftig, Jungfraukinder sehr langsam, Löwenkinder werden bärenstark. Im Krebs geborene Kinder zeichnen sich durch ein scharfes Gedächtnis, großen Verstand, ernsten Mut und durch Aufrichtigkeit aus; das Glück ist ihnen hold, aber nicht auf die Dauer. Die Fische sind ein kaltes, nasses Zeichen, solche Kinder werden geschickte Leute, lieben Geselligkeit, dienen gerne jedermann, werden reich, aber sind unbeständig in ihren Vorhaben, ein leichter Hang zur Trunksucht ist zweifellos vorhanden. Steinbockkinder sind tiefsinnig, zornig, melancholisch, streng, manchmal fast unversöhnlich, zum Ackerbau gut

geeignet, für Kaufmannsberufe wegen ihrer Unfreundlichkeit weniger.
Den 1. April sah man als unglückverheißenden Geburtstag an, denn nach altem Volksglauben soll an diesem Tag Judas auf die Welt gekommen sein. Auch meinte man, in der Allerseelen- oder Neujahrsnacht Geborene sähen mehr als andere, und wer an Weihnachten zur Welt käme, müsse sich im 33. Lebensjahr vorsehen, sonst werde er nicht älter als Jesus Christus.
Sogar die Jahreszeit sollte ins spätere Schicksal einfließen: Am besten würden »Heukinder« geraten, weniger gut Kinder der »Groamatzeit«.
Die Erinnerung an die Geburtsstunde läßt sich bewahren, wenn man sie durch das Pflanzen eines Baumes festhält, ein Brauch, der über die ganze Erde verbreitet ist. In Bayern war und ist es üblich, für einen Buben einen Apfelbaum, für ein Mädchen einen Birnbaum zu pflanzen. Mit einem solchen »Lebensbaum« verknüpft man das Gedeihen des Kindes. Verständlich, daß man von diesem Baum nichts abschneiden darf, man würde dem Kind zumindest die Schlafruhe rauben.

NACH DER GEBURT

Die Versorgung des Neugeborenen

Gleich nach der Geburt wird das Kind abgenabelt. Dazu gehörte bei uns in Bayern ein Spruch, den die Hebamme um des Glücks des Kindes willen hersagen mußte: »Mein Kind, jetzt schneid ich Witz und Sinn im Namen Gottes weiter hin, des Vaters, Heiligen Geist und Sohn's, der Himmel dir in Zukunft lohn's.« Die Wöchnerin fügte ein »Amen« dazu. In Tirol fragte beim Durchschneiden die Hebamme dreimal nacheinander eine der anwesenden Frauen: »Sagt's ma, was schneid i?« Und diese antwortete jedesmal: »Glück und Heil!« Die Nabelschnur wurde gerne verknüpft und aufgehoben. Als sogenannte »Weisheitswurz« legte man sie zum Taufzeug und bewahrte sie auf, bis das Kind sechs Jahre alt war. Im Chiemgau ließ man es direkt vor Eintritt in die Schule den Knoten auflösen, und wenn dies gelang, »so sprang auch sonst der Knopf auf«, d. h. das Kind lernte dann recht leicht. Andernorts hing man die getrocknete Nabelschnur den Kindern als Talisman um den Hals, sie sollte ihnen »Weisheit« verleihen. Wollte man sie aber verbrennen, wie es in Niederbayern der Brauch war, so hatte sich die Mutter zu diesem Zweck schon vor ihrer Niederkunft geweihte Kohlen vom Karsamstagsfeuer bereitgelegt. Damit die Wehen aufhörten und die Nachgeburt sich leichter löste, sollte die Wöchnerin jetzt dreimal in eine rohe Zwiebel beißen und ebensooft im Bett hochgehoben werden, dazu die beiden Daumen einziehen und fest in jede Hand blasen.

Die Nachgeburt wurde früher als »das Unrein« bezeichnet, und man sagte ihr allerlei Zauberkraft nach. »Das Unrein soll fließen über neun Stein, dann wird sie (die Wöchnerin) rein in neun Tagen!« Dieser Spruch stammt aus der Tölzer Gegend und weist darauf hin, daß es üblich war, die Nachgeburt ins fließende Wasser zu werfen, wodurch das »Dämonische« weggeschwemmt wurde. Vielerorts war es aber

auch Brauch, sie zu vergraben, und zwar bevorzugt unter einem grünen Baum, damit die Frau auch weiterhin fruchtbar bleibe. Seltener war, sie unter der Diele des Stallbodens zu verscharren, »um sie dem Hexeneinfluß zu entziehen«. Vorher allerdings wischte man in der fränkischen Gegend das Neugeborene gerne mit der Nachgeburt ab, damit es dadurch alle Muttermale am Körper verliere. Auf jeden Fall sollte die Nachgeburt aber mindestens 24 Stunden unter dem Wochenbett stehen bleiben, das verhindere starken Blutfluß, hieß es.
Sobald der kleine Erdenbürger seinen ersten Schrei getan hatte, wikkelte ihn die Hebamme in ein getragenes Hemd des Vaters, »dann kriagt der a rechte Liab zu eam!« Diesen liebenswerten Brauch findet man besonders in der Münchner Gegend, aber auch von Böhmen und der Oberpfalz ist diese Sitte des »Hemdeinwickelns« überliefert, und zwar sollte ein Mädchen in das Brauthemd der Mutter und ein Bub in das des Vaters gesteckt werden. Diese Hemden verwahrte man dann beim Taufzeug, und nicht selten verwendete man sie später als Totenhemd. Wurde aber versehentlich das Mädchen in das Hemd des Vaters gewickelt, so konnte es leicht männersüchtig werden, umgekehrt der Knabe weibersüchtig! Noch vor dem ersten Bad legte man jetzt die kleine Tochter der Mutter auf die Brust und sagte: »Gott mach dich zu einer guten Frau«, dieser Satz wäre die beste Vorkehrung dagegen, daß das Mädchen jemals »falle« oder in Schande gerate. Einen Sohn stieß man mit den Füßen an des Vaters Brust und sagte: »Gott mach aus dir einen richtigen Mann!«
Das erste Bad eines Neugeborenen ist nach dem Volksglauben von großer Bedeutung für sein späteres Wohlergehen. In der Dachauer Gegend war es üblich, in den kleinen Zuber einen Socken voller Ackererde zu legen, damit das Kleine weich darauf zu liegen käme und schon von Anfang an die Heimaterde fühle! Dem Wasser dieses sogenannten »Rumplbades« setzte man ein paar Tropfen Milch zu, sie sorgten für spätere Schönheit, legte ein Ei hinein, es verhalf zu einer prächtigen Stimme, eine Schreibfeder ließ es leichter lernen und gar eine Münze – für gewöhnlich waren es drei Pfennige – war dafür verantwortlich, daß ihm nie das Geld ausgehe. In Mitteldeutschland kamen noch ein Rosenkranz und eine Spinnspule dazu, sie sollten das Kind gottergeben und arbeitsam machen. Das Geld durfte sich meistens die Hebamme her-

ausnehmen, im Schwäbischen war es üblich, die Münzen und das Ei dem ersten Bettler zu geben, der danach auf den Hof kam, das bringe »Glück fürs Kind« hieß es. Sobald das Kleine nun aus dem Bad gehoben wurde, mußte die Hebamme dreimal ausspucken, dann konnte der »Böse Blick« ihm nicht Schaden antun. Ähnliche Wirkung sollte auch das Verbrennen von Wacholderzweigen während des ersten Bades haben, wie dies in Kärnten üblich war.
Das Badewasser wurde nicht etwa weggeschüttet, sondern es gehörte an junge Obstbäume oder blühende Sträucher, vor allem Rosen, gegossen, das verhalf dem Kind zum frühen Stehen, Gehen und Klettern. Zugrunde liegt aber wohl die Absicht, dem Baum durch die Übertragung der Kraft des Kindes in seinem Wachstum zu nutzen. Dies wurde sogar später genau beobachtet und auf die Gesundheit des Kindes zurück übertragen: »Gedeiht der Baum, gedeiht das Kind; verdorrt er, gibt es ein Unglück!« Im Salzburgischen stellte man sogar noch einen Bezug zwischen der Größe des Kruges, aus dem das Badewasser geschöpft wurde, und der späteren Figur eines Mädchens her: »Je kleiner der Krug, desto kleiner bleibt später sein Busen!« Körperliche Vorzüge oder Nachteile eines Buben wurden dagegen nicht abgeleitet!
Am ersten Donnerstag bei abnehmendem Mond erwartete den kleinen Erdenbürger in seinem jungen Leben eine besondere Prozedur, wenn er in Berchtesgaden zu Hause war: »Die Hebamme kam noch einmal, strich ihn ganz mit Fett ein, streute Mehl darüber, rieb alles mit einem trockenen Tuch wieder ab und steckte ihn endlich in die Badewanne. Auf diese Weise bekäme das Butzerl eine feine trockene Haut, ganz ohne Mitesser.« Für diese ihre letzte Tätigkeit erhielt die Hebamme dann ein Pfund Butter und ein paar Eier geschenkt.

Das erste Wickeln

Jetzt ging es ans Anziehen, und das müssen wir uns für so einen kleinen Kerl gar nicht lustig, sondern höchst unbequem vorstellen; wickelte und verschnürte man ihn doch, wie alte Darstellungen beweisen, samt Ärmchen und Beinchen bis zum Hals in ein richtiges kleines Packerl, eben zu einem »Fatschenkind«. Das Wort »Fatsche« ist schon aus dem

Altromanischen in unsere Sprache übergegangen, wie wohl auch die Sitte, Kinder ein halbes Jahr lang mit einem breiten Band zu umwikkeln, damit sie schön gerade und ohne Buckel wüchsen, aus südlichen Ländern zu uns kam. Die Fatsche wurde vielfach aber gar nicht um den Körper selbst, sondern über das in der niederen Wiege liegende Kind gesteckt, unter Benützung der seitlich angebrachten Öffnungen in der Wiegenwand. In unserem Jahrhundert verlor sich auch dieses und die kleinen Kinder werden nun in Windeln eingeschlagen. Die allerersten Windeln sollten übrigens nicht gewaschen und wieder verwendet, sondern unter einem Kirschbaum vergraben werden, auch das sollte dem Kinde Glück bringen.
Bevor man es nun in die Wiege legte, breitete man darin zusätzlich noch eine Windel aus, von der man drei Zipfel einbog und in den vierten einen Knoten gegen die »Drud« machte. Ein schwarzes, hinter dem Kissen abgelegtes Tuch galt als ebenso gutes Schutzmittel wie ein mit Kreide an die Wiege gemalter Drudenfuß. Sonst durfte das Kleine aber nicht mit dunklen Umhüllungen, Decken oder Schürzen zusammengebracht werden, denn alles Düstere meinte man, verursache Melancholie und häufige Trauer im Leben des Kindes. In ähnlicher Weise bewirke ein schwarzes Latzerl, dem Säugling umgebunden, Ängstlichkeit und Furchtsamkeit. Von den Vorteilen der Bauchlage wußte man noch nichts, wohl aber vermied man es, das Kind vorerst auf die linke Seite zu legen, um es nicht »linkisch« werden zu lassen. Die ersten drei Sonntage putzten vor allem die Berchtesgadener Mütter ihre »Poppalen« fein heraus, dann würden ihnen auch später alle anderen Kleider gut stehen. Überall hieß es und heißt es auch heute noch, Kindeswasch dürfe nicht nach dem Gebetläuten und vor allem niemals über Nacht im Freien hängen bleiben, sonst bekäme das Kind Gliederreißen oder es schliche sich eine darin versteckte Hexe ins Haus.

Die Nahrung

Damit das Neugeborene im späteren Leben nie Hunger leiden müsse, war es in ganz Süddeutschland üblich, ihm Brot oder ein Stückerl Käse in die Windeln zu wickeln und diese während der ersten Wochen immer wieder zu erneuern. Mit der ersten Nahrung des Kindes hatte das freilich nichts zu tun. Etwa 60 Prozent der Neugeborenen wurden, den Statistiken des vorigen Jahrhunderts nach, gestillt, alle anderen bekamen von Anfang an das »Flascherl«, das in der fränkischen Gegend die Form eines kleinen Bocksbeutels hatte. Die für das Kind eigentlich unbekömmliche Kuhmilch wurde mit Wasser verdünnt und nach und nach mit ein wenig Mehl angedickt, bis das Kleine dann schließlich das Mehlmus selber vertrug. Milch war bis zum Alter von zwei Jahren die Hauptnahrung, daraus wurde auch der Grießbrei, das Einbrenn- und Semmelmus gekocht, zu letzterem verwandte man besonders gerne Mohnsemmeln und Anislaiberl wegen ihrer »beruhigenden« Wirkung. Niemand regte sich auf, wenn das Kind wiederholt erbrach: »Schbeibade Kinder san bleibade Kinder« hieß es, ein Spruch, der sich bis heute gehalten hat. Doch darf man die Tatsache nicht übergehen, daß leider viele Kinder früher an falscher, unregelmäßiger Ernährung starben. Andererseits fanden sie auch wieder zu erstaunlicher Widerstandskraft. Entweder haben die vielen Keime sie stark gemacht oder umgebracht.

Obst und Gemüse gab man wenig, wenngleich von Tirol bis Westfalen die Großmutter gerne dem Enkel ein Stückerl von einem gebratenen roten Apfel in den Mund steckte und meinte, er bekäme davon selber schöne rote Backen und einen reinen Atem. Nun galt aber damals wie heute der Spruch: »Kinder und kloane Fackal ham allweil laare Sackal«, und weil weder Mutter, noch Großmutter oder die Kinderfrau, das »Kinds-Mensch« oder auch die »Kindsin« genannt, ständig Zeit hatten, neue Flascherl bereitzuhalten, bekam das Kind allüberall den »Ditzl« oder »Suze«, also einen Schnuller. Dazu wickelte man in einen quadratischen Leinen- oder Batistfleck ein Stückerl Zucker, einen Löffel Honig, dazu eine eingeweichte Semmel oder Kuchen, in der Nacht auch einen Löffel dickes süßes Mehlmus und steckte es dem Kind in den Mund. Daran zuzelten die Kleinen mit Genuß herum und waren ruhig und brav. Vor zweihundert Jahren schon taucht dieser »häßliche Saugzapfen« in der Literatur auf und man bemängelt die damit verbundene fehlende Hygiene, aber unbestritten war seine praktische Wirkung und in ländlichen Gegenden verwendet man ihn heute noch.

Die Versorgung der Wöchnerin

Eine Frau vor, während und speziell nach der Geburt gilt bei allen Völkern der Welt als abgesondert und feindlichen Mächten besonders preisgegeben, wenn nicht strenge Wachsamkeit auf sie und ihr Kind verwendet wird. Der Volksglaube umgibt sie mit größter Fürsorge, nie ist eine Frau schutzbedürftiger als in den ersten sechs Wochen nach der Niederkunft, nachdem sie »niederkemma« oder »hinterikemma« is. Darauf bezieht sich auch der Gruß, den ein Besucher der Wöchnerin in der Oberpfalz zuruft, sobald er durch die Tür tritt: »Gelobt sei Jesus Christus«, worauf sie antwortet: »In Ewigkeit, Amen!« Darauf der Besucher: »I wünsch da Glück im Winkel, mach die bald füra (komm bald wieder auf die Füße) und aufs Jahr wieder hinta (und bekomm bald wieder ein Kind).« Der angesprochene »Winkel« bedeutet den von der übrigen Hausgemeinschaft abgesonderten Bereich mit dem Wöchnerinnenbett, das ringsum mit Vorhängen abschließbar war.

In den ersten drei Tagen nach der Entbindung durfte übrigens niemand zu Besuch kommen, denn es hätte eine Drud darunter sein können. Als ersten Besuch sah man immer am liebsten eine Mutter, die wenige Wochen zuvor geboren hatte, das brachte Glück ins Haus. Um sich dieses zu sichern, hatte sich die Wöchnerin oft schon Wochen vor ihrer Niederkunft bei einer in Frage kommenden Bekannten diesen Besuch erbeten. Kam dagegen ein Mann herein, so wurde ihm von den Hausleuten der Hut weggenommen, wenn er ihn auf dem Kopf hatte und er konnte ihn nur durch Zahlen wieder auslösen, was im Innviertel, wo es heut noch der Brauch ist, jeder weiß, weshalb er ohne Hut kommt oder ihn unter der Achsel hält. In ganz Süddeutschland aber kommt und geht keiner, ohne der Wöchnerin und ihrem Kind den Weichbrunn zu geben: »Grüaß di Gott, daß i net schad, dir und dei'm Kind«, wurde dazu gesagt. Dies führt man darauf zurück, daß sie jetzt als »unrein« galt, und zwar so lange, bis sie nach sechs Wochen den ersten Kirchgang hinter sich gebracht hatte. In dieser Zeitspanne durfte sie das Weihwasser nicht selber anrühren, es würde sonst entweiht. Sie mußte sich deshalb täglich von ihrem Mann oder von der Kindsmagd damit besprengen lassen. Dies geschah meist während des Gebetläutens und wurde »Niedersegnen« genannt.

Mutterschutz

Unter den Regeln, die eine Wöchnerin in dieser Zeit beachten mußte, befanden sich einige, deren Ursprung im dunklen liegt und deren Sinn wir heute nicht recht einsehen können: Sie sollte sich nicht kämmen, auch nicht gemeinsam mit dem Kind in den Spiegel schaun, es auch nicht küssen, sonst würde ihre Milch versiegen. Ginge sie ins Brauhaus, würde das Bier trüb, im Weinkeller, in der Backstube, in der Milchkammer, überall verdürbe alles unter ihrer Anwesenheit. Die folgenden Regeln wurden gewiß aufgestellt, um die Wöchnerin eine Zeitlang von anstrengender Arbeit fernzuhalten und sie zur Erholung zu zwingen: Sie solle nicht in Teig greifen, das Kind bekäme aufgerissene Hände davon. Sie dürfe nicht spinnen, weder Wolle noch Hanf oder Flachs, es würde dem Kind ein Strick daraus gedreht. Sie sollte auch den Stall nicht betreten, um das Vieh nicht zu verhexen, weder auf dem Feld arbeiten, noch Wasser aus dem Brunnen holen, nicht einkochen, keine Blumen im Garten schneiden, weder in den Keller, noch auf den Boden zu den Vorräten gehen.

Diese Vorschriften haben auch sicher alle mit dem Zustand der sogenannten »Unreinheit« zu tun, zielen aber doch insgesamt darauf ab, der Frau möglichste Schonung zu gewähren und von vornherein durch das Verbot die Überlegung abzunehmen: »Könnte ich nicht vielleicht doch schon . . . ?« Das strikteste Verbot in diesem Zusammenhang bezieht sich auf das Verlassen des Hofes: Vor dem ersten Kirchgang nach Ablauf von sechs Wochen darf die Wöchnerin keinen Schritt aus dem Hause tun. Die Strafe dafür, ein Blitzschlag, träfe nicht nur sie alle, sondern das ganze Dorf. Es würde von einem furchtbaren Hagelschauer oder vernichtendem Hochwasser heimgesucht. Dieser überall geltende Brauch, einer jungen Mutter sechs Wochen lang generell jeden Ausgang zu verwehren, hatte nicht bloß seine dunkle, abergläubische Seite, sondern ermöglichte zugleich eine Schonfrist, wie wir sie auch heute jeder Frau einräumen. So mußte man sich auch in ärmsten Verhältnissen daran halten, daß wenigstens in dieser Zeitspanne die Mutter außerhalb des Hauses nicht mitzuarbeiten brauchte.

Wollte sie nun aber gar zu gern einmal aus der dumpfen Stubenluft heraus, so gab es da ein kleines Hintertürl: Ging sie nur so weit vor die Tür, wie die Dachrinne reicht, dann konnte nichts passieren. Setzte sie gar noch einen regenschirmgroßen Hut dazu auf, dann galt der ebenfalls als eigenes Dach, und sie konnte einige weitere Schritte wagen. Im Chiemgau hieß es, ein blaues Kopftuch, ein Regenschirm oder ein Wasserschaffel auf dem Kopf, ein leeres, täten es auch, und in Tirol versteckte sie sich unter dem Hut ihres Mannes – dann war sie es gleichsam nicht –, um keinen Unsegen für das ganze Dorf herabzubeschwören. Von der Nichtbefolgung dieses Gebots erzählt man sich in Südtirol wahre Schauermärchen: Wilde Männer würden solche Frauen entführen und erst nach einem Jahr völlig verwahrlost wieder zurückkehren lassen. Die Familie dürfe sie aber nie mehr ganz bekommen, sie würden nur gelegentlich nach den Kindern sehen, sie »waschen und zopfen« und bald auf immer verschwinden.

Furcht vor Hexen und Dämonen

Die Furcht vor Hexen und Dämonen, welche in dieser Zeit die Wochenstube heimsuchen könnten, war groß. So durfte unter keinen Umständen aus dem Haus etwas verliehen werden, es hätte sich bei der Rückgabe eine Drud einschleichen können. Weder Kind noch Wöchnerinnen sollten allein oder im Dunkeln ohne Licht gelassen werden. Beim ersten Kind war dem Kindsvater untersagt, mit in der Kammer zu schlafen, weil sonst eine Hexe das Kind geholt hätte. Also blieb eine »Kindserin«, meist eine nahe Verwandte, dabei, für die Wöchnerin natürlich eine große Beruhigung. In Tirol zogen Frauen, die doch einmal ein paar Stunden allein sein mußten, das Hemd ihres Mannes an, damit die Drud sie nicht erkenne. In Bayern schützten sich die Wöchnerinnen vor allem durch geweihtes weißes Lichtmeßwachs, das sie entweder um das linke Handgelenk oder ihren Eßlöffel wanden und von dem sie ein Stückerl in die Fatsch des Kindes steckten. Auch durften sie auf keinen Fall ihren Ehering abstreifen, er helfe, hieß es, ebenso wie drei Kreuze aus roten geweihten Kerzen hinter der Bettstatt.
Beängstigende Furcht herrschte insbesondere vor dem »Kindervertauschen«. Neidhexen würden kommen, das eigene Kind herausnehmen und einen gräßlichen »Wechselbalg« hineinlegen, einen »Kielkopf«, der

immer bloß schreie, aber nicht gedeihe, klein und elendig bliebe, einen riesigen Wasserkopf bekäme und höchstens zehn Jahre alt würde. Ein wahrer Alptraum, der sich durch vielerlei Mittel verhindern ließe: Zündet man mit hereinbrechender Dunkelheit die Kommunionkerze an oder läßt zumindest das Licht brennen, so ist die Gefahr gebannt, denn der böse Feind kann nur im Dunkeln sehen. Im Zillertal war es auch Brauch, am Abend mit der geweihten Kerze herumzugehen, drei Vaterunser zu beten und dann vom Vater die Kerze ausblasen zu lassen. Gegen das Vertauschen legt die Mutter in der Oberpfalz eine Schere unter das Bett in die Wiege, deren Schärfe die Hexe fürchtet. Sie hängt auch die Jacke des Vaters an den Fuß der Bettstatt, um so seine Anwesenheit vorzutäuschen. Die Tirolerin stellt einen Besen umgekehrt an die Türe, damit die Hex darauf sitzen bleibe und dem Kind nichts zuleide täte. Ein langes Messer in den Türstock gerammt, mit der Schneide nach oben, daß die Hex sich darauf beim Reiten auseinanderschneide, hilft ebenso wie der mit Dreikönigskreide an die Bettlade gemalte Drudenfuß, der an keiner schwäbischen Wiege fehlen darf. Die Wöchnerin legt nach jeder Mahlzeit, die anfangs für sie vor allem aus Wassersuppe und Kamillentee, später Fleischsuppe mit allen möglichen Einlagen bestand, den Brotlaib immer mit dem »Gesicht«, also der Rundung, nach unten in die Lade, auch das sollte nach altem bayerischen Glauben das Böse fernhalten.

»An einer Wiege durften niemals zwei Personen wiegen«, hieß es, sonst nehme man dem Kind die Ruhe, und die große Bedeutung dieser Ruhe kannte man auch schon früherszeit, wo sich das Familienleben oft auf viel kleinerem Raum abspielte als heute. »Eine Frau mit einem Kindlein in der Wiege«, lautet eine Anweisung aus dem Jahr 1799, »soll alles, was dem Kind gehört, in der Nähe des Bettes zusammenhalten. Nichts darf draußen herumliegen oder gar mit anderen Menschen in Berührung kommen, damit es stets gut und ruhig ist«.

Die Aussegnung

Der erste Ausgang der Wöchnerin nach dem Wochenbett führt in die Kirche, wo sie sich vom Pfarrer aussegnen läßt. Man nennt diesen Gang das »Fürigehn«, das Fürhergehen, das in genauem Gegensatz steht zum »Hinterikemma«, zum »In-die-Woche-Kommen«, das sie ja schon durchgemacht hat. Niemand hätte sich getraut, dieser frommen Sitte entgegen zu handeln, gar vorher schon in die Kirche oder auch anderswohin zu gehen, denn man wollte wissen, daß manche, die das gewagt hatte, spurlos verschwunden sei. Der Brauch des Aussegnens wird 1694 zum ersten Mal in Berchtesgaden erwähnt, wo in der Pfarrkirche verordnet war: »Die Weiber, außer den Offiziersfrauen, sollen bei der Kirchentür neben der Sakristei vorgesegnet und dann zum Hochaltar geführt werden! Diejenigen aber, welche ihre Kinder bei sich haben, sollen beim Turm vorgesegnet und zum Nebenaltar geführt werden.«

Im Volksglauben wird dieses »Fürisegnen« als ein ausgesprochener Akt der Reinigung betrachtet. Steht doch im 3. Buch Moses, 12. Kapitel, geschrieben, daß die Mutter nach der Geburt des Kindes als gesetzlich unrein galt, bis sie nach vierzig Tagen und nach Darbringung eines Opfers vom Priester für rein erklärt wurde. Nach den kirchlichen Gebetstexten bedeutet das Vorsegnen jedoch nichts anderes als eine Danksagung für die glückliche Geburt, die nun einmal als außerordentliches Ereignis auch ebensolche Schutzmittel verlange: Für das Kind die Taufe und für die Wöchnerin das »Fürisegnen«.

Die Aussegnung erfolgte immer am Werktag vor Beginn der Messe, wobei der Mittwoch und Freitag meist ausgespart blieben; bevorzugt wurden Kirchen, die unserer Lieben Frau geweiht sind. Dieser Brauch hielt sich auf dem Lande länger als in der Stadt. Heute aber, wo die meisten Geburten im Krankenhaus stattfinden und die Kinder bald darauf auch in der dortigen Kapelle getauft werden, schließt der Geistliche gern die Gebete der Vorsegnung an die Taufe an und läßt so gerade diesen fast erloschenen Brauch wieder aufleben.

Den ersten Gang zur Kirche machte die Wöchnerin nie allein, sondern immer in Begleitung einer Frau. Diese Rolle übernahm meistens die Hebamme. Es ist auch überliefert, daß diese dazu der jungen Mutter noch mancherorts ein schwarzes Band, ein sogenanntes »Hexenband«, um den Leib wickelte, dazu eine geweihte Kerze anzündete und ihr mit dem Benediktuskreuz das Zeichen auf Stirn, Brust und Füße machte, wozu sie folgendes sagte:

»Ich g'segn dich mit dem Benediktuskreuz,
ist neunmal gesegnet, ist neunmal geweiht.
Gott Vater, Gott Sohn und Gott Heiliger Geist!«

War das Neugeborene ein Bub, dann ging zusätzlich noch ein Knabe, bei einem Mädchen ein junges Dirndl mit der brennenden Kommunion- oder Taufkerze mit. Die Mutter mußte für diesen Weg neue Schuhe anziehen, sonst würde ihr Kind später, wenn es laufen lernte, gefährlich fallen. Es ist aber auch möglich, daß das neue Schuhwerk ursprünglich mit dem Kind gar nichts zu tun hatte, sondern wieder einmal eine Schutzkleidung darstellen sollte, damit Dämonen sie darin nicht erkennen konnten.

Mancherorts, wie im Oberinntal, trug die Hebamme auch das Neugeborene mit und ging damit stets vor der Mutter einher, weil diese sonst fürchtete, von Hexen mitgenommen zu werden. An der versperrten Kirchentür mußte die kleine Prozession halten und durch Anklopfen um Einlaß bitten. Der Pfarrherr tat ihr auf, zündete den Wachsstock oder die Taufkerze an und geleitete sie herein. Mit dem rechten Fuß trat die Mutter jetzt über die Schwelle in die Vorkirche. Meist wurde dazu ein lautes Vaterunser oder das Glaubensbekenntnis gebetet, bevor der Pfarrer sie mit bestimmten Segnungen »reinsprach«. Am Altar oder an der Kommunionbank besprengte er sie noch mit Weihwasser, schlang die Stola um ihre Hände und beendete mit einem letzten Gebet die kleine Zeremonie. In Oberbayern opferte jetzt die Mutter meist eine Kerze für den Marienaltar. War es üblich, die Vorsegnung zu bezahlen, so mußte das Geldstück für den Geistlichen wenigstens in einen gelben Wachsstock gedrückt sein, in der Meinung, der Pfarrer müsse für die Wöchnerin so lange beten, bis das Wachs verbrannt sei. Dieses Geldstück erinnert an das weltweit verbreitete »Opfer« für die Geburt, das bei vielen Völkern entrichtet wird. In der Ulmer und Günzburger Gegend hielt sich lange das Überreichen eines Knäuels Leinenfaden, eines »Kindbettschnellers«, der während des Kindbetts gesponnen worden war. In Südtirol war es üblich, dem Mesner beim »Fürisegnen« etwas Wolle zu schenken, wenn das Kind ein Bub war, damit er später ein guter Hirte werde, oder etwas Flachs, wenn es ein Mädchen war, damit es später recht gut spinnen könne. In Oberbayern aber durfte sich der Mesner darauf verlassen, daß ihm die Mutter beim Hinausgehen aus der Kirche auf die Kommunionbank zwei Eier und zwei Semmeln als Lohn für seine Arbeit hinlegen würde. Froh und glücklich trat man den Heimweg an, die Mutter galt jetzt wieder als gleichberechtigtes Mitglied der Gemeinde.

Auch die Hebamme hatte jetzt den letzten ihrer Dienste getan; sie wurde mit allerlei Geschenken entlassen, die sich nach dem Wohlstand der Familie richteten. Fehlen durfte doch dabei auf keinen Fall das sogenannte »Wochenbettbrot«, das in begüterten Bürgerfamilien, die etwas auf sich hielten, einen Krebs aus Lebkuchenteig gebacken darstellte, in Anlehnung an den Beinamen der Hebamme, das »Krebsweibl«.

DIE TAUFE

Das Gevatterbitten

Schon wenn der Kindersegen sich ankündigt, also einige Monate vor der Geburt, überlegen die künftigen Eltern, wer wohl als Pate in Frage käme. Es braucht wirklich einige Überlegung und sorgfältige Auswahl, denn die Paten nehmen in der Familie einen äußerst bedeutsamen Platz ein. Sie werden in allen Familienangelegenheiten zu Rate gezogen und vertreten im Falle des Todes der Eltern bei unmündigen Kindern deren Stelle, also ein Amt, das Treue und Gewissenhaftigkeit erfordert. Ihre Fürsorge erstreckt sich bis zur Verheiratung der Kinder, ja eigentlich, falls sie ihn erleben, bis zu deren Tod. Der Pate steht an Autorität dem Vater am nächsten, deshalb sollte er auch alle christlichen Tugenden aufweisen können; sollte er zusätzlich noch weltliches Beiwerk, wie Besitz, Geld und Ansehen mitbringen, war dies gern gesehen.

Das Mainzer Konzil vom Jahr 813 führte die Kindstaufe allgemein ein und gab den jüngsten Christen jeweils einen Paten zur Seite. Auf die kirchliche Verordnung geht auch der Name »Pate« zurück, der sich sicher von lat. pater herleitet. In Süddeutschland ist der männliche Pate für das Kind der Göd, sein weibliches Gegenstück die Goden, die Patenkinder sind die Godenkinder. Für die Eltern aber stellen sie Gevatter und Gevatterin dar, was man allgemein als »Mitvater« verstehen muß.

Nicht nur von der katholischen Kirche wurde die Patenschaft zu einem so hohen Grad geistiger Verwandtschaft und Verantwortlichkeit erhoben, daß die Ehe zwischen Pate und Patenkind gleich der von Blutsverwandten verboten war. Zeitweilig herrschte sogar die Überzeugung, das Kind erbe auch im Sinn der Blutsverwandtschaft die Eigenschaften der Paten: »Der neunte Teil des Kindes fährt seinem Paten nach!« Vielfach war das »Gevattermachen« schon bei der Hochzeit eine beschlossene Sache. Fest stand auf jeden Fall immer, daß der Antrag dazu eine große Ehre darstellte. Manchmal kündigte er sich auch vorher an: »Fällt jemand vor deinen Füßen zusammen oder juckt dich der Hintern, dann kannst du Gift darauf nehmen, daß du bald ein Godenkind bekommst, das du aus der Taufe heben mußt«, hieß ein alter Spruch. »Wer eine angetragene Patenschaft ablehnt, wird Unglück haben.« Es hieß sogar, daß an der Stelle, wo er nein gesagt habe, später kein Grashalm mehr wachsen würde. Sicher war, daß eine solche Ablehnung, erfolgte sie nicht aus ganz triftigem Grunde, schwere Feindschaft nach sich zog. »Patenschaft baut eine Stufe in den Himmel«, trösteten sich die Gevattersleute, wenn sie an die damit verbundenen Ausgaben dachten und »Patenkreuzer fallen vom Himmel«, was so viel bedeutet, als daß sie noch keinen arm gemacht hätten.

Meist suchte man sich verheiratete Gevattersleute aus, und nicht selten stand eine Familie zur anderen in solcher Beziehung, es mochten noch so viele Kinder kommen. Verwandte wählte man eigentlich nur, wenn es galt, ein uneheliches Kind aus der Taufe zu heben. Kam ein Unverheirateter zu der Patenehre, so mußte er zumindest aus der Schule entlassen sein (heute muß er getauft sein!), war aber dann nicht minder stolz, denn es hieß: »Wer als Pate zur Kirche geht, der läuft sich groß«, was so viel bedeutete als: er ist erwachsen! Sicher konnten manche begüterte Eltern es nicht lassen, gleich mehrere Paten zu bestellen, doch gilt dieser Brauch mehr für Norddeutschland. Auch kümmerte man sich hierzulande nicht darum, daß Geschlecht des Paten und des Patenkindes übereinstimmten. Fast immer hielt die Gödin das Neugeborene über das Taufbecken, auch wenn es der Hoferbe war, und der Göd stand daneben – er durfte nur »Laternentragen« – und zahlen!

Unter dem »Gevatterbitten« verstand man den Besuch, der den »Auserwählten« gemacht werden mußte, sobald die Geburt nahte. Die Art, wie dies geschah, war örtlich recht verschieden. In Altbayern oblag die Aufgabe meistens dem Vater. Er nahm dazu eine Flasche Wein mit und trat in die Stube mit: »Geh Bäurin, i taat enk bitten, daß'z kummts, um das christliche Werk zu verrichten« – und was damit gemeint war, verstand jeder.

In Oberösterreich war es der Brauch, daß man erst direkt nach der glücklichen Geburt Botschaft tat, und zwar schickte man bei einem

Geburtsanzeigen des Dachauer Malers und Holzschneiders Otto Wirsching.

Gratulationskarte zur Geburt eines Kindes,
kolorierter Holzschnitt von Otto Wirsching.

Buben den Großknecht, bei einem Mädchen die Großdirn. Die Boten taten dies gern, denn es gab überall dafür ein reichliches Trinkgeld, wenn sie ihre Bitte vorbrachten, man möge mithelfen, aus dem kleinen Heiden einen Christen zu machen. Und zusätzlich gab es noch – auch nicht zu verachten – die »Godensuppen«. So bezeichnete man den Kaffee, der ob der großen Ehre schnell auf den Tisch gebracht wurde. Dazu aß man einen Auflauf, einen Schmarrn oder sonst eine Eierspeise. War der Vater selber gekommen, dann setzte man ihm kalten Braten, Geselchtes und zum Schluß die obligate Gevatterbittspeise »Oar im Schmalz« oder den »Oarschedl« vor, einen süßen Auflauf aus vielen Eiern und butterglänzend. Im Vilstal war es üblich, daß dazu der neue Gevatter so schnell wie möglich sein Feiertagsgewand, den Gevatterrock, anzog und sich so festlich gewandet dazusetzte. Je flinker er das fertigbrachte, um so wendiger würde auch einmal sein Godenkind sein und um so rascher würde ihm im späteren Leben die Arbeit von der Hand gehen.

Die Namensgebung

Allen Eltern hat wohl zu allen Zeiten schon die Wahl des Taufnamens Kopfzerbrechen bereitet. Das Recht zur Namensbestimmung lag bei den Eltern und dem Paten gleichermaßen. Vor der Taufe war der Name auch nur ihnen bekannt und wurde wie ein Geheimnis gehütet, denn wäre er ausgeplaudert worden, so hätte das Kind eine rechte Klatschbase werden müssen, »a recht a Ratschkathl« und das galt es zu verhüten. Trotz dieser Erklärung gehört der Brauch, den Namen geheimzuhalten, zu jenen Vorschriften, die verhindern sollten, vor der schützenden Taufe irgend etwas vom Kinde, einschließlich des stellvertretenden Namens, den bösen Mächten kundzugeben und es ihnen somit zu überantworten.
Ob das erstgeborene Kind den Namen des Paten, oder des Vaters bzw. der Mutter erhielt, war regional verschieden. In Franken hatte der Pate das Vorrecht, in Altbayern dagegen die Eltern. Bei den weiteren Kindern griff man gerne auf die Namen der Großeltern zurück, immer in der Absicht, die guten Eigenschaften der damit Geehrten möchten auf

das Kind übergehen. Die Geburt wird gern als Wiedergeburt eines Vorfahren angesehen. In Peter Roseggers »Höllbart« stellt der Hausvater das jüngste Kind auf den Grabhügel des kurz vorher verstorbenen Großvaters und gibt es dann der Mutter in den Arm mit den Worten: »Nimm, Weib, da hast du den Großvater jung und frisch wieder zurück!« Ein Rest dieser Überzeugung spiegelt sich darin, daß man Kindern gern den Namen der Eltern oder Großeltern gibt. Beweis für diesen Wiedergeburtsglauben ist auch das Wort »Enkel«, das mit »eninchilli«, im Mittelhochdeutschen der »Großväterische«, zusammenhängt.

Bei den weiteren Kindern mußte nun der Heiligenkalender zur Namengebung herhalten. Man wählte besonders gern als Namenspatron den Heiligen des Geburtstages oder, wenn der nicht paßte, den des darauffolgenden Wochen- oder Festtages. Zu diesem Brauch sagte man »den Heiligen mitnehmen«. »Z'rückgetauft« durfte auf gar keinen Fall werden, das bedeutete: wenn man das Kind nach einem Heiligen benennen wollte, dessen Tag vor dem Geburtstag schon gefeiert worden war, so würde es Unglück erleiden. Der Heilige seines Geburtstages nämlich würde darob so traurig sein, daß er alljährlich weinen müsse; in Tirol war man sogar überzeugt, »zurücktaufen« mache die Kinder bucklig, im Salzburgischen und im Inntal hieß es, sie lebten nicht lange, blieben geistig zurück, lernten in jedem Fall schlecht oder »hausten später ab«, das heißt wirtschafteten schlecht. Das »Nachitaufen« war in Oberbayern und der Operpfalz in kinderreichen Familien üblich, man verstand darunter, daß ein Kind den Namen eines vor ihm verstorbenen Brüderchens oder Schwesterleins bekam. In Tirol dagegen hütete man sich davor und betrachtete es als böses Omen, das den baldigen Tod auch dieses Kindes bedeutet hätte.

Was die Namen selbst anbelangt, so sind sie vom 14. Jahrhundert ab fast nur dem Heiligenkalender entnommen. In Altbayern war bis zum Beginn unseres Jahrhunderts die Auswahl nicht besonders groß. Wenn es in der Familie noch keinen »Hans« gab, so mußte der Pfarrer »einen taufen«, denn laut Josef Schlicht war Hans der erste und bedeutendste Taufnahme von Altheimland, er verlieh eine »Mannkräftigkeit« wie kein anderer. Dieser Hans war entweder ein »Wein- und Wurschthans« oder ein »Küachl-Hans«, je nachdem er zu seinem Schutzheiligen den

Geburtsanzeige des
Dachauer Künstlers Ignatius Taschner.

Apostel oder den Täufer hatte und also zu seinem Namenstag der dritte Weihnachtstag mit dem Johanniswein und den Mettenwürsten, oder der Sonnwendtag mit den beliebten Holunderküchelnn gehörte. Jedoch –, so meint Josef Schlicht – in jedem Falle: »Wer Hans heißt, ist allemal mehr als ein Mann!« Wenn kein Hans mehr abging, so mußte der Pfarrer einen »Sepp« taufen, dem kräftigen Namen zuliebe und um den seligsten Nährvater Josef zu ehren, denn der Sepp war der nächstwichtige Taufname im Altheimland. Der dritte aber war der »Michal«, denn Michael ist seit Urzeiten heimatberechtigt und angesessen bei uns. War der Kindersegen aber noch reicher, so grub man hie und da auch Namen aus der germanischen Vergangenheit aus.

Las man gelegentlich kuriose Namen in den Tagblättern, meistens bei den Sterbeanzeigen, so gingen diese oft gar nicht auf die Verschrobenheit der Eltern zurück, sondern auf die Tatsache, daß bei unehelichen Kindern in den meisten Gegenden der Geistliche den Namen des Täuflings bestimmen durfte. Eine Sitte, die Ludwig Thoma in seinem Roman »Andreas Vöst« festgehalten hat und die widerspiegelt, mit welcher Willkür so dem unschuldigen Kind ein Stempel fürs Leben aufgedrückt wurde. Mit Bezug auf den ersten Sündenfall hielten es manche für angebracht, die Namen Adam oder Eva für ein lediges Kind zu wählen, wobei diesem wenigstens der Trost auf ein mit diesem Namen verbürgtes langes Leben blieb. Oft aber suchte der Pfarrer einen besonders altmodischen oder völlig ungebräuchlichen aus, damit jeder, der mit dem Kind zu tun bekäme, gleich um die ledige Abstammung wußte. In

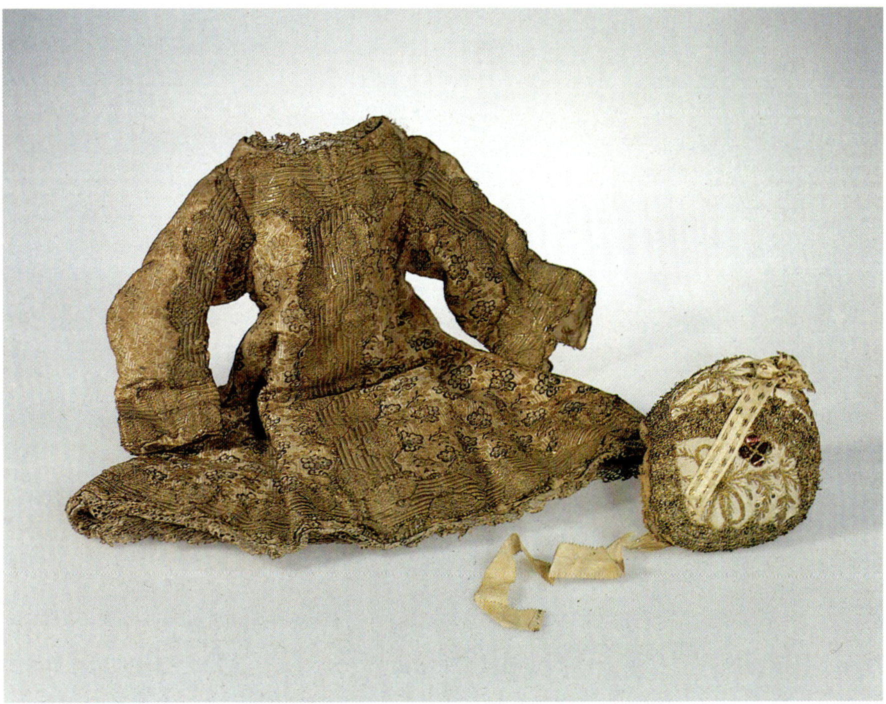

Bürgerliches Brokattaufkleid mit Häuberl.

Oberbayern sollen sich – allerdings selten – Geistliche gleich gar geweigert haben, uneheliche Kinder zu taufen, unter dem Vorwand, es hagle sonst auf die Gemeinde!
In der Oberpfalz und in Franken war es bis in die jüngste Vergangenheit üblich, den Nachkommen mehrere Namen ihrer Vorfahren durch Generationen hindurch zu geben, was zu den absonderlichsten und lustigsten Wortgebilden führte, deren Aussprache schon einige Zungenfertigkeit erforderte. So kamen sie zustande, der »Heinerlgangsteffe« (Heinrich-Wolfgang-Stephan) oder der »Poitamuckengirgadl« (Nepomuk-Georg-Adam), wahrhaft lautmalerische Kombinationen, die aber immer seltener werden!

Der Gang zur Kirche

Ein großes festliches Ereignis war eine »Kindstauf« schon immer, und damit alles wie am Schnürchen ablief, mußte sie auch gut vorbereitet werden. Da in früheren Zeiten die Kindersterblichkeit so groß war, bestand die Geistlichkeit auf einem möglichst frühen Zeitpunkt nach der Geburt. Oft erfolgte sie auf dem Land schon am darauffolgenden Tag, ohne Rücksicht auf Wind und Wetter. Selten wartete man länger als eine Woche. Auch die Mütter waren froh darüber, denn vielfach ängstigten sie sich vor einem ungetauften Kind, ja waren untröstlich, wenn eins ohne Taufe starb. In solchen Fällen hieß es, weinten selbst »die Bäumchen im Wald vor Mitleid«. Man verließ sich darauf, der heilige Johannes der Täufer werde diese ungetauften Kinder am Jüngsten Tag »mithalten lassen«. War ein Kind von Anfang an sehr schwach, so durfte ihm die anwesende Hebamme die Nottaufe geben. In Tirol sprach sie im 18. Jahrhundert, während sie mit Weihwasser oder gar mit gewöhnlichem Wasser das Kreuzzeichen über das Kind machte, folgende Formel: »I tauf die auf'n Zweife, hast a Leb'n oder net, im Namen den Vaters, des Sohnes und des Heiligen Geistes, Amen.«
Daß es einem mit der Taufe gar so pressierte, lag aber nicht nur an der Sorge um das Seelenheil des Kindes, sondern geschah sicher auch aus der Furcht heraus, einen kleinen Heiden im Haus zu haben, der böse Geister magisch anzog.

Die Taufe vollzog sich meistens in der nächstgelegenen Kirche, seltener im Pfarrhof und nur in wenigen Ausnahmefällen, die sich auch mehr im nördlichen Bayern finden, zu Hause. War allerdings der Täufling »vor dem Ehestand gezeugt«, so zeigten sich Kirche und Nachbarn weniger freundlich und bestanden darauf, daß nur heimlich im Pfarrhof getauft wurde und bei der heiligen Handlung keine Kerzen brennen durften.
Der frühe Termin der Taufe, am zweiten bis siebten Tage nach der Geburt, machte es der Mutter unmöglich, dabei zu sein. Es war aber ohnedies nicht üblich, ja in Franken sogar direkt verboten. »Wird das Kind zur Taufe getragen, so hat die Wöchnerin in der Stube zu sitzen und in die vier Winkel zu gucken«, diese Vorschrift findet man in weiten Teilen Deutschlands, man kennt sie sogar noch in Westfalen. Während dieser Zeit soll sie keine Arbeit verrichten, vor allem nicht das Essen abschmecken, sonst wird ihr Kind später nie satt.
Am Taufgang beteiligten sich der Vater, die Hebamme, die das Kind zur Kirche hintrug, und beide Gevattersleute oder auch nur der Pate allein, der das getaufte Kind aus der Kirche heimbrachte. Statt der Hebamme konnte auch die Schwester der Mutter, eine Magd, eine Nachbarin gebeten werden, in Südtirol stellte sich auch gern die Großmutter zur Verfügung, wenn sie noch kräftig genug dazu war. Handelte es sich um eine unverheiratete Patin, so gehörte es sich in Franken, daß sie von einigen ebenfalls ledigen Freundinnen, den sogenannten »Züchterinnen«, begleitet war.
Überall galt, daß alle Kirchgänger, insbesondere aber die Patin, größte Sorgfalt auf die Kleidung verwendeten. Es durfte ja nichts zerrissen oder gar schmutzig sein, da aus dem Täufling sonst ein schlampiger, unsauberer Mensch würde. Im Chiemgau war es Brauch, daß die Patin dazu sogar ein nagelneues Hemd und dieses noch verkehrt herum anzog, zur Abwehr böser Hexen auf ihrem wichtigen Gang. In Oberösterreich mußte sie dazu neue Schuhe tragen. Schon vor gut zweihundert Jahren war es üblich, das Taufzeug bei Buben blau und bei Mädchen rosa zu halten. Das Hemderl, Häuberl und die Strümpfe dazu stammten von der Patin, das Steckkissen und die oft weiß-rot gestickte Decke, das »Einbinddeckerl«, hatte die Mutter während der Schwangerschaft oder schon davor für das Heiratsgut angefertigt, und es blieb auch für alle weiteren Kinder erhalten. Ebenso frühzeitig besorgte man

sich die Taufkerze oder ließ sie sich am liebsten schenken, weil dann »das Kind bitten und danken lernen wird«. Ledige Mütter baten ihre Freundin um eine Taufkerze. Niemals durfte sie abbrechen, weil sich sonst auch das Kind einmal ein Bein brechen würde. Die Taufkerze wurde immer möglichst groß gekauft, denn es sollten alle Geschwister in einer Familie die nämliche verwenden, damit sie später alle einander gern hätten und fest zusammenhielten. Bei vielen Kindern war sie zuletzt bis auf ein kleines Stumperl heruntergebrannt. Vor ihrer Verwendung mußte sie natürlich geweiht werden und das geschah bevorzugt am Lichtmeßtag bei der allgemeinen Wachsweihe. Einen guten Dienst leistete sie auch später, wenn die Kinder schon groß waren, denn sparsame Bäuerinnen entzündeten sie bei Unwetter und verließen sich auf ihre schützende Wirkung gegen Blitzschlag.
In das Taufkissen steckte die Patin ein gweihtes Palmkatzerl und Zweige von Wermut, Salbei und Rosmarin, denn solchen aromatischen Pflanzen sagte man eine antidämonische Wirkung nach. Aus demselben Grund wurde im Chiemgau auch ein kleines Brotstückerl mit eingebunden, einerseits als Schutz vor der »bösen Hex«, andrerseits damit das Kind, wenn es erwachsen würde, nicht am Nötigsten Mangel leiden müsse.
Die Hebamme nahm nun den Täufling im Steckkissen der Mutter dreimal aus dem Arm und sagte jedesmal dazu: »In Gottes Namen, Mutter, an Heiden trag i jetzt furt, und an Christen bring i wieder!« Während die Mutter stolz dazu lächelte, strich der Pate dem Kind über das Köpferl, damit seine Kraft und sein Schutz auf es übergehe. Jetzt machte sich die kleine Prozession auf den Weg. War es ein großer Bauer, der gar noch seinen Stammhalter zur Kirche geleitete, so feuerte der Nachbar, sobald sie sich in der Tür des Hauses zeigten, drei Böllerschüsse ab, bei Mädchen tat es auch ein blinder Flintenschuß. Buben galten halt schon immer mehr. War der Weg weit und ein Fuhrwerk bei der Hand, so wurde gefahren, zumal im Winter, wo man den Schlitten einspannte. Wollte man sich besonders nobel zeigen, schirrte man selbst für kürzeste Wege die Pferde an und fuhr in der Chaise vor.
Sich versäumen und trödeln durfte man allerdings nicht, denn sonst würde auch das Kind später einmal ein rechter Trödler werden. Selbst Halten, Stehenbleiben und Ratschen waren verboten, auch dann würde

aus dem Täufling später eine »Quadratratschen«. Einen großen Schirm führte der Vater mit sich, falls es nach Regen aussah, denn: »Wird das Kind auf dem Weg zur Kirche naß, so wird daraus ein Säufer«, sagen die Niederbayern. In allen anderen bayerischen Gegenden nimmt man noch heute das gleiche an, wenn dem Paten auf dem Weg das Mißgeschick passiert, daß er austreten muß! Ein böses Omen, das manche auch als Ursache betrachteten, wenn das Kind später recht lang nicht sauber wurde. In Nordbayern meint man, der Pate müsse vor dem Kirchgang ein Glas Wasser trinken, damit das Kind zeitlebens einen frischen, reinen Atem bekäme. Unterwegs darf der Säugling auch nicht der Sonne ausgesetzt werden, das würde ihn sommersprossig oder gar leberfleckig machen, kein altes Weib und kein Bettler sollte ihn ansehen wollen, es brächte baldiges Unglück. Begegnet ihnen aber ein Kind auf dem Weg, so bedeutet das für den Täufling nur Glück und Gesundheit, und es erhält vom Paten ein Geldstück, das der »Regel- oder Pleppergroschen«, auch »Schnatterpfennig« genannt wird. Davon lernt das Neugeborene leichter und schneller sprechen. In Kärnten gab es anstelle des Geldstückes eine Semmel, die man dann »Plappersemmel« nannte. Diesen kleinen Geschenken, die ja nur zum Nutzen des Täuflings waren, konnten findige Kinder des Ortes natürlich jederzeit nachhelfen. So war es durchaus üblich und gern gesehen, wenn sie der God'n hierzu vor der Kirche ein Seil über den Weg spannten und ein Lösegeld verlangten. Dieses Hindernis nannte man »Tauf-Aufheben«, es fand sich von Österreich bis nach Sachsen und Westfalen hinauf. Weitverbreitet war auch der Glaube, daß die Patin beim Eintritt in die Kirche den herabhängenden Glockenstrick anlangen müsse, womit sie dem Kind fürs ganze Leben eine schöne, kräftige Stimme sichere. Nicht selten hört man auch noch heute: »Läßt der Pfarrer die Taufgesellschaft lange warten, so bekommt das Kind große, schöne Augen.«

Der Taufakt

Die Worte des Geistlichen, mit denen er die Taufe vollzieht, sind im wesentlichen heute die gleichen wie früher. Nur achtete man vielleicht früherszeit viel genauer darauf, daß er ja kein einziges Wort davon aus-

ließ, denn schon ein vergessenes Wort aus den Taufgebeten hätte schlimme Folgen gehabt: Es machte ein Mädchen zur späteren Drud und einen Buben mondsüchtig, glaubte man. Der Herr Pfarrer mußte »höllisch« aufpassen und schlüpfte ihm doch ein Wort durch, so konnte er das Versehen nur durch sofortiges Nachtragen wieder gut machen.
Ungut war es auch, wenn während der Taufe die Kirchenuhr schlug, im Chiemgau war man überzeugt, dies bedeute einen baldigen Tod des Täuflings. Das gleiche befürchtete man in der Landshuter Gegend wie auch in Franken von Kindern, die während der Taufe laut schrien, während man in Oberbayern und Südtirol den schreienden Kindern nachsagte, sie würden einmal gute Sänger werden oder zu einer baldigen »neuen Taufe einladen«, das heißt: ein neues Geschwisterl ankündigen.
In Franken sah man es auch nicht gern, wenn zwei Kinder an einem Sonntag getauft wurden, das eine Kind nehme dem anderen das Glück weg oder eines davon müsse früh sterben, hieß es. Waren die beiden ein Bub und ein Mädchen, so mußte übrigens letzteres immer zuerst getauft werden, bei der umgekehrten Reihenfolge hätte es sonst einen Schnurrbart bekommen.
Als besonderes Glück betrachtete man es überall, wenn das Kind als erstes mit dem am Kar- oder Pfingstsamstag neugeweihten Taufwasser getauft wurde. Diese erste Taufe hieß »Ehtauf« oder »Neutauf« und dafür mußte die doppelte Summe gezahlt werden. War sie für einen Buben, so kündigte sich damit ein fruchtbares Jahr an, meinten die Tiroler, bei einem Mädchen mußte man mit Regen und Unwetter rechnen.
Aus der Landshuter Gegend ist überliefert, daß diese »erste« Taufe niemals ein uneheliches Kind bekommen durfte, es hätte sonst für die Gemeinde ein furchtbares Hagelwetter im nächsten Sommer zur Folge gehabt. Mancherorts benutzte man für Buben und Mädchen verschiedene Gefäße mit Taufwasser, überall aber kannte man die heilsame Wirkung, wenn der Pate heimlich schnell den Zeigefinger hineintauchte und damit dem Kind den Kieferknochen einrieb, damit es einmal leichter zahne. Der Geistliche beobachtete genau den kleinen Täufling und wie er auf seine Umgebung in der Kirche reagierte. Blickte er nämlich lebhaft und interessiert herum, so stand jetzt schon fest, er würde einmal ein Geistlicher werden.

Nach dem Ende der Taufzeremonie legte die Patin dem Mesner ein kleines Trinkgeld in den Taufstein. Sie trug darauf stolz den neuen Christen dreimal um den Altar herum und von da aus direkt hinaus an das Familiengrab, zum »Ahngartl«, um den Verstorbenen das neue Mitglied vorzustellen. Die Palmkatzerl, der Rosmarin oder andere Blumen aus dem Taufkissen wurden auf das Grab gelegt, ferner im Namen des Täuflings einige Vaterunser für die Verstorbenen gebetet. Früher nahmen junge Frauen gern geweihtes Taufwasser mit heim, weil man ihm noch wirksamere Kräfte als dem Weihwasser nachsagte. In Südtirol schüttete man die Reste davon den Kühen ins Futter, damit sie mehr Milch gäben. Die rauflustigen Burschen aus dem Ultental steckten sich gar ein Flascherl Taufwasser in die Tasche und vertrauten darauf, daß es beim Raufen unbesiegbar mache.

Der Taufschmaus

War der Taufakt in der Kirche vorüber, so freute sich alles auf das »Kindlmahl«, das schon vorher beim Wirt bestellt worden war. Auch hier hatte sich die Goden, die Patin, nobel zu zeigen, denn sie mußte es spendieren und dazu neben dem Vater auch die Hebamme, in Nordbayern und Tirol zusätzlich den Pfarrer und den Mesner einladen. Handelte es sich um das Kind einer angesehenen Familie, und war es noch dazu der Stammhalter, so ließ sich die Patin nicht lumpen und bestellte auch ein paar Musikanten, die vom Austritt aus der Kirche bis zum Eintritt ins Gasthaus spielen mußten. Im Berchtesgadener Land war dies eine eigene Melodie, die sinnigerweise auch während der Christmette zu Ehren des neugeborenen Christkindes auf einer Schalmei vorgetragen wurde.

Verständlich, daß der Taufschmaus hie und da so groß und aufwendig wie eine Hochzeit ausfiel, zumal wenn sich Verwandte und Nachbarn dazu einfanden. Die Bezeichnung »kleine Hochzeit« war dann durchaus angebracht. 1721 verspottete Abraham a Santa Clara diesen Mißbrauch, indem er anprangerte, daß »alle anderen Weiber mit dazugeladen würden, die Obergevatterin, die Untergevatterin, alle Nachbarn, Bekannten, Verwandten, die Frau Gespielin, die Frau Gespännin ...«

Dabei hatte eigentlich die Regel gegolten, eine gute Gödin solle mit dem Täufling überhaupt nirgends einkehren, damit das Kind später nicht zum Säufer werde. Aber es hielt sich kaum eine daran, und nur in den seltensten Fällen bestellte man die Großdirn, daß sie den kleinen Erdenbürger gleich nach Hause trug. Der »Held« der festlichen Stunde, zu dessen Ehre das »Kindlmahl« ja abgehalten wurde, lag meist abseits auf einer Tischplatte und träumte unter dem Gesumm der Stubenfliegen seine ersten kleinen Erdenträume. Nur zu oft »begann sein Christenleben unter Tabaksqualm und Lärm«, er lief sogar Gefahr, daß man ihm mit dem Löffel Wein und Bier einflößte, wie es im Alemannischen der Brauch war. Und nicht selten – wie aus dem Innviertel und Tirol überliefert – wurde der Täufling gestohlen, wie die Braut beim hochzeitlichen Brautstehlen, und mußte erst von der meist reichlich angeheiterten Gesellschaft wieder ausgelöst werden. Es soll auch vorgekommen sein, daß die trunkenen Gevattersleute ihn unterwegs verloren, so daß sich 1661 Polizeiverordnungen mit dem Taufschmaus befaßten und ihn eine Zeitlang in den Wirtshäusern verboten, weil dabei schon zu viele Täuflinge Schaden erlitten hatten.

Der Taufschmaus hat eine lange Tradition und wird nicht selten auf einen alten Opferschmaus zurückgeführt, der als solcher mit dem Zauberglauben ursprünglicher zusammenhängen soll als mit dem Dämonenglauben. »Die Opfergabe ist ein Zaubermittel, und die Darbringer der Opfergabe nehmen am Opfermahl teil, um der Kraft teilhaftig zu werden, die dem Objekt entströmt!«

Bei einem niederbayerischen Taufessen mußte sich die Tischplatte schon biegen: »Suppe mit Knödeln und Bratwürstlein, saftiges Rindfleisch, saure Lunge als Voressen, Kalbshaxen, Schweinsbraten mit Kraut, Kapaun, Sulzen, Gans, Ente, Hasen . . ., alles was sich nur an Fleischgerichten auftreiben läßt«, zählt der detaillierte Bericht von Josef Schlicht auf, »danach Torte und Wein, der bei der Hebamme immer ein besonders süßer sein mußte, denn gerade für sie war der Tauftag ein Ehrentag, und der Kindsvater mußte ihr beim Mahl einmal Spruch und Zutrunk widmen«. Im Sauerland warf er ihr sogar ein größeres Geldstück in das geleerte Glas.

In der Oberpfalz bestand die Mahlfolge aus Leberknödelsuppe, Weißwürsten, Kalbsbraten mit Salat, Kaffee und Kuchen, danach Wein. In

Oberbayern gab man sich meist mit Schweinernem, Kraut und Knödel, ausgezogenen Kücheln und Milchreis zufrieden.
Im unteren Innviertel war es der Brauch, daß der Herr Pfarrer selber das Essen austeilte und die Hebamme das Fleisch schnitt. Im oberen Innviertel wurden Suppe, Schnitzel, Schmalzgebackenes oder Torte und Kaffee gereicht, im Mühlviertel mußten es Rindssuppe mit Schöberl und Knödel, Wiener Schnitzel und Salat sowie ein besonderer Nachtisch sein, den man den »Dritt« nannte und der aus Zwieback, Kompott und einer Weinsauce bestand. Wein und Bier gehörten überall reichlich dazu, weshalb man auch gerne statt »Kindlmahl« besser den Ausdruck »Kindleiwoacha« verwendete. Seine Sinne beisammen halten mußte wenigstens der Pate, denn er achtete darauf, von allen gebotenen Speisen zu essen, sonst hätte später einmal das Kind die ausgelassene nicht vertragen.
Wenn sie da so alle um den Tisch saßen und löffelten und gabelten, tranken und scherzten, gehörte es sich auch, daß der Schulmeister mit Gitarre oder Zither aufspielte, also Tafelmusik machte, was die Liebe zur Musik beim Täufling fördern sollte. So dehnte sich das Mahl oft ungewöhnlich lange aus, und es dauerte Stunden, bis die ganze Gesellschaft endlich, versehen mit dem obligatorischen »Bschoadbinkerl«, den eingebundenen Resten der Mahlzeit, die Heimfahrt antrat. Wenigstens hielt man sich überall an die Regel, unbedingt vor dem Gebetläuten daheim zu sein, sonst hätte man sich gefürchtet, statt des Kindleins einen Wechselbalg zurückzubringen.

Rückkehr von der Taufe

Für den Heimweg galten die gleichen Regeln wie für den Hinweg: Nicht stehenbleiben, nicht ratschen, selbst wenn noch so viele Neugierige am Weg standen, um den kleinen Erdenbürger zu bewundern. Dies ist leicht einzusehen, denn nur in den wenigsten Fällen wird das Wetter für einen längeren Aufenthalt im Freien günstig gewesen sein, und der allzu nahe Kontakt mit fremden Personen war seiner Gesundheit in den ersten Lebenstagen zweifellos nicht förderlich. Interessant ist, daß man der Patin bei einem längeren Heimweg riet, das Kind wenigstens einmal

über eine Brücke zu tragen, dann sei es zeitlebens vor jeder Wassergefahr geschützt.
In respektvoller Haltung empfingen Knecht und Dirn das neue Mitglied des Hofes unter der Tür mit Salz und Brot. Bei Reichen verkündeten drei Böllerschüsse beim Sohn, zwei bei einer Tochter die Rückkehr des getauften Kindes. Vom Salz, dem Sinnbild der Klugheit, streute man ihm einige Körner auf das Kopferl, das Brot wurde über ihm gebrochen, es sollte nie im Leben Mangel daran leiden. Darauf ging man in die Wochenstube, wo gemeinsam ein Vaterunser und ein Glaubensbekenntnis gebetet wurden. Im Chiemgau übergab die Patin dann das Kind der Mutter, die es mit Weihwasser besprengte, segnete und in die Wiege legte. Mit dem Täufling war jetzt sein Schutzengel ins Haus gekommen, der am Kopfende der Wiege Posten bezog, weshalb sich auch keine andere Person jemals an dieser Stelle aufhalten sollte.
In Berchtesgaden betete die Mutter, sobald ihr das Kind in den Arm gelegt worden war, drei Vaterunser, wozu die Taufkerze am Bett der Wöchnerin ein zweites Mal angezündet wurde. In Landshut übergab der Pate das Kind mit dem Spruch: »Einen Heiden hab ich aus dem Haus, einen Christen ins Haus gebracht, ich bitte, daß du ihn christlich auferziehst!« In der Oberpfalz, in Böhmen, auch Siebenbürgen legte der Pate das Kind zuerst auf den Tisch mit den Worten: »Du sollst wachsen wie ein Fisch«, dann auf den Herd, »Du sollst wachsen deinem Vater und der Mutter wert«, zuletzt auf das Bett der Wöchnerin, »Du sollst schweigen, bis deine Mutter backt und wäscht«.
Jetzt kamen natürlich auch alle anderen Mitglieder des Hauses, vor allem die Geschwister, und wollten das Kindlein anschauen, doch das duldeten Patin und Hebamme meist nicht lange. Vor allem gegen Kinder, deren Augenbrauen zusammengewachsen waren, wandte sich ihr Mißtrauen. »Deren Blick kann das Kindl verzaubern«, hieß es, »es kriegt dann das Vermantes«, sagten sie in Tirol, was so viel wie Entwicklungsschäden bedeutet.
Noch bis zum Anfang unseres Jahrhunderts bereitete man in den Dörfern Altbayerns nach einer Geburt das »Taufbrot« vor. Konnte die Bäuerin es nicht selber am Hof backen, dann tat es eine gute Nachbarin oder eine Verwandte für sie. Seit dem 14. Jahrhundert kannte man das Taufbrot als figürliches Gebilde aus gutem Mehl in der Form eines

Männleins oder Weibleins und backte davon für jeden Gast des Taufschmauses eines, meist aber für jeden noch ein zweites, daß er es als Bschoad mit heimnehmen konnte.
Diese Gebildbrote kannte man im Bayerischen Wald, in der Oberpfalz, im Fränkischen, Schwäbischen und in den Alpenländern. Im letzten Jahrhundert wurden sie immer einfacher, schließlich waren es kleine »Taufweckerl«, die genau wie andere weiße Weckerl aussahen und die man bloß beim Bäcker zu holen brauchte, der einem auch auf Wunsch den Anfangsbuchstaben vom Namen des Täuflings einprägte. Daß es solche kleine Geschenke zur Taufe nicht bloß für die Geladenen geben durfte, daran hielten sich die größeren Bauern allemal und reichten den Dorfkindern, die am Fenster klopften, um auch einen Blick auf den Täufling zu erhaschen, ein solches Taufweckerl hinaus, das man dann in der Oberpfalz »Dämmerlbrot« nannte.
War der Weg von der Kirche nach Hause weit gewesen, so hielt man jetzt noch ein zweites Mahl bereit, das aus Kücheln und Krapfen bestand. Man setzte sich also erneut um den Tisch, aß und trank und plauderte, bis der Gevatter das Zeichen zum Aufbruch gab und sich zum Gehen anschickte. Zuvor besuchte er noch einmal die Wöchnerin in der Kammer, wünschte ihr Gottes Segen und Gesundheit und machte dem Kind, das neben ihr in der Wiege lag, ein Kreuzzeichen auf die Stirn. Jetzt war die letzte Gelegenheit für ihn, das Patengeschenk einzulegen, falls er es nicht schon vorher getan hatte, und auch dem Pfarrer und Mesner sowie der Hebamme, die meistens noch mit ins Haus gekommen waren, ein »Drogeld« zuzustecken.

Die Taufgeschenke

Münzen

In das Taufkissen wird vor oder nach der Taufe vom Paten ein Geldgeschenk gesteckt, der »Godentaler«, denn Patengeld macht reich und bringt Glück! Selbstverständlich kommt es in eine schöne Umhüllung, von der es den Namen »Eingebinde« erhält. Als Tauftaler wählte man in Oberbayern bevorzugt einen »Rittertaler« mit dem Bild des heiligen

Taufbriefe, kolorierte Kupferstiche und Lithographien (19. Jahrhundert), Tauftaler.

Georg, der Schutz und Schirm gegen Zauberei bieten und »zum gachen Glück und schnellen Vermögen« verhelfen sollte. Er wurde für einen Buben in ein blaues Seidenband eingenäht, während man einem Mädchen lieber einen »Marientaler« in rosarotem Säckchen zudachte. Dies war das bayerische Zweiguldenstück mit der Mariensäule, geprägt unter der Regentschaft König Max II. Sehr beliebt scheinen auch alte Geldstücke, wie Frauentaler, Kronentaler, Theresientaler, gewesen zu sein. Vor allem mit einem alten Goldstückl, einem »Goldfüchsl«, konnte man Ehr aufheben, denn nachsagen ließ man sich bei der Gelegenheit schon gleich gar nichts.
In Franken schob man das Patengeschenk in einen mit Perlen gestickten, seidenen Beutel, in der Mühldorfer Gegend gab es in den Schreibwarengeschäften »Taufschachterl« zum Geldeinstecken zu kaufen. Die Tiroler nannten ihre Silbermünzen den »Hort« oder »Hoscht«, wickelten diesen in ein Heiligenbild – möglichst das des Namenspatrons ihres Täuflings – und steckten dieses Packerl in ein buntes Büchserl. Zu beidem sagten sie »Krösengeld« und »Krösenbüchse«, wobei Krösen auf Chrisam zurückzuführen ist, das geweihte Öl, mit dem die Salbung bei Taufe und Firmung vollzogen wird. Davon leitete sich auch der Name »Chrisenhemd« ab, den man heute noch im Chiemgau für das Taufkleid verwendet.
»Krösengeld« sagte man auch in Oberösterreich zum Tauftaler, wikkelte ihn aber mit mehreren Münzen in rotes Papier und band dieses mit einem gelben Band zu, das man später dem Kind gegen Gelbsucht um den Hals legte. Oft bestand man bei der Anzahl der Geldstücke auf einer Dreierzahl und bezog dies auf die Heilige Dreifaltigkeit. Im Salzkammergut mußte immer auch ein Fünfschillingstück mit dem Bildnis der Mutter Gottes dabei sein, während im oberen Innviertel der Mariazeller Taler und ein geweihter Ablaßpfennig üblich waren. Die Münzpäckchen steckte man in Oberösterreich dem Täufling beim Halsausschnitt in das Hemderl hinein. In Kärnten wählte man als Platz eines der Wickelbänder und bezeichnete das Geschenk dann als Fatschengeld. Es sollte der Grundstock für die späteren Ersparnisse sein, das einmal selbst erworbene Geld zu hüten und zu mehren. In Oberkärnten wurden Theresientaler oder andere Silberstücke in die eingeschlagene Ecke eines größeren Leinenstückes genäht. Dieses hieß das »Kinds-

leinen« oder »Taufleinen«, es mußte bei der Taufe auf dem Kind liegen. Wuchs der Täufling heran, so wurde aus diesem Material sein Hemd für die Hochzeit geschneidert, starb er jedoch früher, sein Totenhemd. In Oberbayern war es üblich, den Tauftaler, der häufig mit der Darstellung des Heiligen Geistes als Taube oder der Taufszene Jesu im Jordan geschmückt war, später als »Schatztaler« an der Uhrkette oder am Miedergeschnür zu tragen. Die »Krösenbüchsen« wurden sorgfältig aufbewahrt, in Oberösterreich legte man sogar den abgebundenen Nabelstrang des Kindes, in Papier gewickelt, dazu und warf ihn schließlich bei Schulbeginn, mit dem Namen versehen, in ein fließendes Wasser, damit das Kind leichter lerne.

Buben- und Dirndlgeschenke

Neben diesen Geldgeschenken verehrten reiche Paten gelegentlich noch andere »Eingebinde«. In Berchtesgaden suchte man gerne ein silbernes Eßbesteck aus, auch in Franken waren silberne Löffelchen sehr beliebt, damit das Kind schnell und sauber essen lernte, nicht geiferte und »kein armer Schlucker« würde. Hier hütete man sich aber davor, Messer oder Gabel zu schenken, sonst hätte man das Glück des Kindes zerschnitten oder zerstochen. Auch Schuhe durfte man nicht überreichen, sonst würde »das Glück zertreten«. Gerne aber steckte man einem Knaben neunerlei Getreidekörner in die Fatsche, daß er besser wachse, sowie einem Mädchen ein Sackerl Leinsamen und eine stumpfe Nadel mit Faden, damit es einmal gut spinnen und nähen könne. In Tirol findet sich der Rosenkranz, eine Schale mit Teller und ein weißes Kinderkleidchen unter den Gaben, während in der Mühldorfer Gegend und in ganz Niederbayern die männlichen Täuflinge einen schön bemalten Halbliter-Bierkrug bekamen und den weiblichen eine goldumrandete Kaffeetasse zugedacht war. In der Gegend Kraiburg-Grünthal gar sollen es ein silbernes Kaffeegeschirr, auch Zinnteller und elfenbeinerne Löffel mit Gravierungen gewesen sein. Zur Übergabe sprach der Pate in Tirol: »Das geb ich dir ins Kresen, sollst meiner nie vergessen«, und in Oberbayern ermahnte er den Täufling: »Hier hast du das Deine, laß jedem das Seine.«

Der Taufbrief

Ein überaus liebenswertes und kulturhistorisch interessantes Taufgeschenk war der Taufbrief, auch Taufzettel oder Patenbrief genannt. Dieses reichverzierte Papier löste den früher üblichen Stoffbeutel als Umhüllung des Tauftalers ab und nahm vom 17. Jahrhundert an dessen Stelle ein. Die »Hauptsache« daran war ein schöner Spruch in der Mitte, der sicher jedesmal unter hohem Zeitaufwand angefertigt worden war, da die Paten wohl nicht allzu schreibgewohnte Leute gewesen sein dürften. Der Rand des immer rechteckigen Papiers wurde bei den einfacheren Ausführungen nur mit einer stilisierten und mit Wasserfarben kolorierten Blumenranke geschmückt. Die aufwendigeren, wie reiche Paten sie anfertigen ließen, zeigten einen Lebensbaum, der sich zum Herz erweiterte, von Tauben umstanden, und mit einem Segenswunsch ausgefüllt. Sehr beliebt war es auch, Herzen im Quadrat anzuordnen, in deren Mitte man dann den Tauftaler auf den Sinnspruch legte, der dem Täufling zugedacht war:

»Den Pfennig nimm und hab von mir,
einen besseren woll Gott geben Dir.
Thu Vater und Mutter gehorsam sein,
thu gern bei frommen Leuten sein,
der schlimmen Leut nimm Dich nicht an,
so kannst mit Gott in Himmel gahn!«

Anfang des 19. Jahrhunderts witterten allerdings die Druckereien ein Geschäft und begannen Taufzettel zu drucken. Zuerst waren es nur die Verzierungen, die man auf besonders schönem Papier zum Selbstkolorieren und Einschreiben des persönlichen Textes anbrachte. Bald aber lieferte man auch den passenden Taufspruch schon mit, um die Arbeit zu erleichtern. In der Mitte des Bogens stand er dann, darunter war Platz ausgespart für die persönlichen Angaben – Namen, Geburtsort und Taufdatum – sowie den Namen des Paten.

Ein 1805 ausgefüllter Taufbrief enthielt folgendes Gebet:

»Höchster Gott, ach laß doch kommen
deinen Segen auf dies Kind.
Schreib es in die Zahl der Frommen,
die im Buch des Lebens sind.
Wasch es ab mit deinem Blute, von allen Sünden rein:
Damit es Gott und Menschen mög wohlgefällig sein!«

Dazu waren in den vier Ecken der Unterseite des Zettels noch zusätzlich Wünsche aufgeführt, die, sobald der Taufzettel zusammengefaltet war, obenauf zu liegen kamen:

»Dieweil du nun getaufet bist (I)
auf heute als ein wahrer Christ, (II)
wohlan, so lebe Gott allein, (III)
so wird er auch dein Vater sein.« (IV)

Der Pate hatte also nur noch die persönlichen Daten einzutragen, die Verzierungen anzumalen, den Zettel zu falten – und das Geldstück nicht zu vergessen! Ein braves Patenkind zog, sobald es größer war, den Brief auf einen Karton auf und hängte ihn in die Schlafkammer oder gar in die Stube, unweit des Kruzifixes.

In den dreißiger Jahren des vorigen Jahrhunderts wurden gedruckte Taufzettel mit figürlichen Darstellungen üblich. Erst waren es nur Taufszenen, die man zeigte – einen Pfarrer etwa, der ein Kind tauft, die Paten und der Vater daneben, eine Taube über dem Taufstein als Symbol des Heiligen Geistes – alles von einem Ornament umrahmt. Solche Darstellungen wurden sehr gerne in der reformierten Schweiz verwendet und meist in Zürich und Winterthur gedruckt, von wo aus sie ihren Weg zu uns fanden. Dazu gesellten sich später neue Motive, die Taufe Jesu im Jordan etwa, dann das Lamm mit dem Kreuz, schließlich auch Engel, die ein kleines Kind umarmen. Es verschwanden auch die kurzen Verse und machten längeren Platz, die mehr Ratschläge für das dies-

seitige Leben gaben, während in den älteren immer auch Wünsche für ein seliges Sterben enthalten gewesen waren.
Um 1850 änderte sich die äußere Form des Taufbriefes. Der eigentliche Taufzettel bekam einen feinen gestanzten Rand, der wie Spitze gearbeitet war. Er trug meist in der Mitte das Bild der Taufe Jesu, darunter den Kelch und die Schlange, den Spruch und die persönlichen Daten. Der Pate faltete ihn, legte das Geldstück ein und steckte das Ganze in ein feines, oft an den Ecken durchbrochenes Kuvertchen, auf dem zu lesen stand: »Zur Erinnerung an die heilige Taufe.«
Die reichste Ausstattung erhielten die Taufbriefe in der Biedermeierzeit; später wurden die Briefe einfacher. Mancherorts, wie im Mühlviertel, verstand man unter dem »Taufbrief« auch eine weiße Schachtel, in der auf einem rosa oder blauen Seidenkisserl ein wächsernes Jesukind, eine Muttergottes oder der Namenspatron des Täuflings ruhte.

Die Aufgaben des Paten für das weitere Leben

Das herzliche Verhältnis zwischen Paten und Patenkindern fand früher seinen Niederschlag in einem Brauchtum, das sich wirklich von der Wiege bis zur Bahre hinzog und geprägt war von einer innigen Freundschaft, Hilfsbereitschaft und einem immerwährenden Füreinanderdasein. Vor allem auf dem Land nahm man es sehr ernst mit dieser »geistlichen Verwandtschaft« und hielt die Beziehung zeitlebens aufrecht. Es mußten schon schwerwiegende Schicksalsschläge eintreten, ehe ein Göd von seinem Godenkind ließ und umgekehrt. In allen Wechselfällen des Lebens hatten sie einander zur Seite zu stehen, dafür genossen Godenkinder unter der bäuerlichen Bevölkerung immer einen ganz besonderen Vorzug. Bei der Hochzeit des Patenkindes gehörten die Paten zu den angesehensten Gästen, sie standen im Rang den nächsten Verwandten gleich. Falls der Vater nicht mehr lebte, so trat der Göd an dessen Stelle, begleitete das Patenkind zur Kirche und unterschrieb als Trauzeuge. Lebte der Vater noch, so war der Göd »Zubräutigam«. Bei der Hochzeit eines weiblichen Patenkindes kam der Patin die Ehre der »Altfrau« zu, dafür erhielt sie vom Bräutigam ein Paar Schuhe geschenkt.

Die Treue und Gewissenhaftigkeit, mit der das Amt der Patenschaft in jeder Lebenslage wahrgenommen wurde, verlangte auch, daß die Gevattersleute ein Kind längere Zeit zu sich nehmen mußten, wenn seine Mutter starb. Ebenso standen sie dem Witwer treu zur Seite. Benötigten aber umgekehrt die Paten eine Pflege oder eine Aushilfe, dann kam dafür in erster Linie ihr Patenkind in Betracht und man hätte sich geschämt, seine Hilfe in solchem Fall zu versagen. Mußte gar ein Godenkind sein junges Leben lassen, so ging die Gödin im Leichenzug mit der engsten Verwandtschaft, und beim Leichengottesdienst sogar als erste zum Opfern. Die Paten hatten auch mit Vater und Mutter für das Kind zu beten. Diese innige Zusammengehörigkeit zeigte sich ferner darin, daß umgekehrt bei der Beerdigung eines Paten die Patenkinder direkt hinter der Bahre zu gehen hatten. Es galt außerdem als hohes Glück, wenn die Bahre nur von Patenkindern zu Grabe getragen wurde.

Nach hergebrachter Verbindlichkeit mußten sich die Paten aber auch zu bestimmten Zeiten mit gewissen Geschenken einstellen: Zum ersten Geburtstag überreichte die Patin das sogenannte »Godengewand«, zu dem man in Österreich auch »Wutzerlgewand« oder »Walker« sagt, weil die Kinder in dem Alter halt gar so lieb daherwuzeln oder daherwalgeln. Es bestand aus Hemdchen, Kleiderl, Jackerl, Hauberl, Strumpferl, in Österreich war oft auch ein kleiner Hut und Lodenstoff für einen Buben, Häuberl und Kleiderstoff für ein Mädchen dabei. Dazu kamen Tellerchen oder Löffel, Rosenkranz, auch Geldstücke, im Chiemgau schenkte man gern dem Mädchen eine schöne Kaffeetasse und dem Buben ein Halbekrügerl, möglichst mit eingraviertem Namen und Datum.

Sobald das Kind zwei Jahre alt war, standen ihm zu den wiederkehrenden Festen »Godengeschenke« zu. In diesen Zeiten sah man die Beschenkten in allen Gassen herumlaufen, ihre Gaben herzeigend und vergleichend. Zu Weihnachten bescherte das Christkindl vom Goden auf jeden Fall ein Kletzenbrot, oft auch Äpfel und Nüsse, zu Ostern mindestens sechs rote Eier, die »Godenoar«, und ein Osterlamperl aus Biskuit, einen Osterfladen und im Innviertel und Niederbayern auch eine große Eierbreze dazu.

Die meisten und größten Geschenke aber gehörten einst zu einem Tag, an dem nur die Goden etwas hergaben, zum Allerseelentag. Da waren die Patenbrote fällig: In Berchtesgaden bekamen die Buben einen Hasen (in Tirol ein Pferd) und die Mädchen eine Henne aus feinem weißen Brotteig, mit Weinbeeren drin. »Seelenwecken«, was schnell ausgesprochen wie »Seiwecken« klingt, hieß das in Oberösterreich und im Chiemgau. Er war fein geflochten und für ganz brave Kinder bis zu einem Meter lang. Gebräuchlich war auch der Name »Allerheiligenstriezel« für einen geflochtenen Spitzwecken, in den ein Schilling gesteckt wurde. Mit dem Material sparte man nicht, backte aus gutem Hefe-, Biskuit- oder Brotteig, verzierte mit Papierblumen, Steckröserln und klebte auch schöne Verse darauf.

Im Mühlviertel fielen die Gaben besonders reichlich aus: Nüsse, Äpfel, dazu Schneuztücherl, Strümpfe, gelegentlich Schürze für die Dirndln oder ein Hemd für die Buben.

In manchen Gegenden war es üblich, die Patenkinder auch am Kirchtag, an Kirta, einzuladen oder ihnen ein kleines Geldgeschenk zukommen zu lassen. Im Innviertel dagegen war das »Emmausgehen« recht beliebt, da kam am Montag, statt am Ostersonntag, die Magd der Paten und brachte im Korb für jedes Kind bis zu fünfzehn gefärbte Eier, einen Osterfladen und einen großen Lebkuchen.

Gefreut hat sich wohl jeder Pate zu jeder Zeit, wenn auch ihm das Patenkind etwas Gutes tat, und dazu gehörte, daß es auf jeden Fall als erstes das »Neujahr anwünschte«. In verschiedenen Alpentälern, wie im Montafon, bedankten sich die Paten dafür mit einem goldgelben »Eierring«, d. h. einem schweren Hefezopf, den sie dem kleinen Gratulanten um den Hals oder an den Arm hängten.

Solche Brotspenden waren überall üblich, bis zum 14. Lebensjahr, wo die Schulzeit beendet war. Es verstand sich, daß die Gebildbrote mit zunehmenden Alter und wachsender Selbständigkeit des Kindes immer kleiner wurden. Einen besonders großen Patenwecken allerdings überreichte man noch einmal zur Kommunion und zur Firmung, wobei auch oft Kleidung dazugelegt wurde. Mit dem Schulaustritt, der meist mit der Konfirmation zusammenfiel, erfolgte die sogenannte »Ausfertigung« des Patenkindes durch ein wertvolles Geschenk, mit dem sich der Pate »loskaufte«. Dies fiel je nach Gegend verschieden aus.

Im Innviertel und Mühlviertel bestand es aus Stoff für ein besonders festliches Kleidungsstück, sowie Rosenkranz und Gebetbuch. Aus dem Berchtesgadener Land ist für die bäuerlichen Kinder die sogenannte »Goden-Pfoad« überliefert, ein Hemd in Erwachsenengröße, das sie am Hochzeitstag zum ersten Mal anziehen und dann beim eigenen Begräbnis zum zweiten und letzten Mal tragen sollten. Den Mädchen legte man ein seidenes Tuch, den Buben ein seidenes Krawattl dazu. Stadtkinder erhielten bevorzugt silberne Gegenstände, Bestecke oder ähnliches. Mit der Ausfertigung, der »Außifirtigung«, waren die regelmäßigen Schenkungen des Paten zu Ende. Geschenke zum ersten Zahn, zum ersten Schultag usw. waren in Bayern nicht üblich, kamen wohl erst in jüngster Zeit aus dem Norden zu uns.

Die Zuwendung des Paten aber erstreckte sich weiterhin noch auf die außergewöhnlichen Feste, so insbesondere die Hochzeit des Patenkindes. Die dabei überreichte »Haussteuer« mußte alle bisherigen Geschenke an Wert übertreffen. Sie brachte mancherlei Praktisches, das in einem jeden jungen Haushalt gebraucht wurde, wie Geschirr, Wiege, Getreide, Wäsche, Ferkel, Leghühner und vor allem und allüberall – Geld!

Nicht unerwähnt darf in diesem Zusammenhang bleiben, daß sich die Eltern des Patenkindes auch, aber nur einmal, genötigt fühlten, ihrerseits den Gevattersleuten ein Gegengeschenk zu machen. Man bezeichnete es als die »Z'rückgab«, und sie erfolgte zu unterschiedlichen Zeitpunkten, häufig einige Wochen nach der Geburt. Da brachten die Eltern einen teuren Stoff für ein Kleid, einen Seidenschal, Kaffee und ähnliches bei einem recht feierlichen Besuch mit, wo sie selbst wiederum reichlich mit Fleisch, Mehlspeisen, Kaffee und Kuchen bewirtet wurden. Eine beliebte Z'rückgab stellten eigenartigerweise zwischen Bauersleuten einige junge Ferkel dar. Waren die Gevattersleute aber nicht vom Bauernstand, sondern Stadtleute, Geschäftsleute oder Akademiker, so freuten diese sich um so mehr über Brennholz, 60 – 80 Eier, einen großen Striezel, einige Kilo Fleisch, falls gerade frisch geschlachtet worden war, eine dicke Gans oder ein paar fette junge Hähnchen.

Paten wurden immer geliebt und geehrt, und dieses herzliche Verhältnis spiegelt sich gerade in all diesen vielen Bräuchen, in denen es um sie und ihre Patenkinder geht.

DIE ZEIT DANACH

Ins »Weisat« gehen

Eine junge Mutter im Kindbett zu besuchen, ihr und dem Kind etwas mitzubringen, ist sicher uralte Gepflogenheit und wird noch heute mit vielen lustigen Namen belegt: In der Illertissener Gegend spricht man vom »Kindsbettschenken«, in Alzenau geht ma »die Gevattersuppen schlucken«, die Wasserburger feiern an »Kindlkirta«, die Niederbayern as »Kindlmahl«. In ganz Bayern und über seine Grenzen hinaus versteht man überall den Ausdruck »ins Weisat geh«.

Er hat seinen Ursprung im lateinischen »visitare«, was »besuchen« bedeutet, genau wie das althochdeutsche »wisan«. Das »Weisat« kommt auch her von »weisen, erweisen, sich sehen lassen, auf feierliche Weise etwas darbringen«. In früherer Zeit war Weisung, Weisat, all das, was man Personen, die man besonders ehren wollte, zu gewissen Zeiten darbrachte. Das Weisat entstammt gewiß ganz einfach dem Gefühl der Nachbarn, daß sie zu einer Hilfe für die Kindbetterin verpflichtet seien. In der Aichacher Gegend soll einmal einer auf den Gedanken gekommen sein, das »Weisat« ginge auf die »Weisen« aus dem Morgenland zurück, die ja auch Geschenke dabei gehabt hätten! In jedem Fall aber darf man die kleine Ehrung für Mutter und Kind unter die Bräuche christlicher Herkunft einreihen. Über den Termin, wann man ins Weisat zu gehen hatte, gibt es recht unterschiedliche Angaben. Sie schwanken zwischen dem ersten Sonntag nach der Taufe und höchstens sechs Wochen nach der Geburt. Später und vorher wäre es geradezu verboten und brächte bloß Unglück.

Wer ins Weisat gehen durfte, das war regional ebenfalls verschieden: Dabeisein mußte in jedem Fall die Gödin, im übrigen Oberbayern waren dazu die Nachbarinnen, die Freundinnen und die weiblichen Verwandten verpflichtet. Niemals beteiligte sich der Göd am Weisatge-

hen! In Niederbayern, Franken und der Oberpfalz, wie auch in Österreich ließen sich dagegen die Mannsbilder schon am Wochenbett sehen. Ja, in Niederbayern spielte sich das »Weisat« bei den Großbauern geradezu wie eine kleine Kirchweih ab. Da fuhren – wie Joseph Schlicht berichtet – der Gevatter und die Gevatterin mit allen Kindern in festlichster Kleidung vor. In Imst in Tirol fühlten sich bloß diejenigen verpflichtet, die zur Hochzeit geladen gewesen waren, und das auch nur bei der Geburt des ersten Kindes. Man betrachtete hier das »Weisen« als Dank fürs Hochzeitsmahl.
Was man zum Weisat mitbringen und überreichen sollte, richtete sich in erster Linie nach dem Stand; es war das, was man sich eben leisten konnte. Wohl gab es ein paar grundsätzliche Gaben, die überall dabei sein mußten. Dazu gehörten Kaffeepackerl, die unvermeidliche Flasche Wein, meistens ein süßer Malaga, Zucker (Kandis und Würfelzucker) und Weißbrot. Dieses erfuhr hie und da eine spezielle Ausstattung. In der Dachauer Gegend waren es entweder ein Hefeteig-Guglhupf oder Semmeln in ungerader Zahl, – in gerader hätten sie Unglück gebracht! Nie überreichte man Schwarzbrot, immer nur solches von hellem und möglichst feinem Teig. In Südtirol nannte man es den »Weisatkranz«, in der Berchtesgadener Gegend war es ein Reindling, ein Weinbeerlbrot, in Oberkärnten backten die Frauen einen vierfach gezopften Weizenstriezel, mondförmige Hörndl oder kreisrunde, eingeschnittene Kipferl. In der Tölzer Gegend gab es dazu verschiedene Gebildbrote, die man als »6-Wochen-Wecken« bezeichnete, auch Napfkuchen in Schildkrötenform oder in der Form eines Krebses, den man dann extra der Hebamme verehrte, dem sogenannten Krebsweibl. Solche alten Gebäckmodel kann man heute noch im Heimatmuseum bewundern. Das Weißbrot stellte wohl einen gewissen Luxus dar, es wurde auch nicht allein für die Wöchnerin überreicht, sondern bildete einen Vorrat, um daraus die »Dutzel« fürs Kind zu machen, weshalb man es auch gern mit Anis versetzte, was dem Bäucherl des Kindes recht wohl tat.
Darüber hinaus war es üblich, weitere Lebensmittel zu schenken. So sind in der Dachauer Gegend bei den »Vermöglicheren« Met, Lebkuchen und Süßigkeiten überliefert, in Südtirol mußten es immer Eier, Butter und Kalbfleisch sein, in Niederbayern gehörte für die Wöchnerin noch extra eine süße Torte und ein Flascherl Schnaps dazu. Überall

aber findet man als unerläßlich die »Wochenbetthenn«, eine Suppenhenne mit schwarzem Gefieder, – es durfte auch ein Hahn sein –, schwarze Federn gedacht als Opfer für die Geburtsgeister! Sie mußten die Hex vom Wochenbett fernhalten und wurden immer von der Gödin gebracht. Daraus kochte man für die Wöchnerin eine kräftige Suppe. Herangetragen wurden die Geschenke in einem großen Henkelkorb mit Deckel, der in Kärnten einen eigenen Namen hatte und der »Preseten- oder Pasetenkorb« hieß.

In einigen Gegenden, so in Tirol, war es auch üblich, neben den Lebensmitteln ein paar Häuberl und Hemderl für das Kind mit hineinzulegen. Im Chiemgau fügte die Gödin bei Erstgeborenen ihrer Weisatgab noch ein Packerl Hefe bei, zum »Odampfeln« für die Mutter, eine lustige Mahnung, daß dem Erstgeborenen doch bald ein zweites nachzufolgen habe. Im Inn- und Mühlviertel brachten die Nachbarinnen sogar Tisch- und Bettwäsche, Decken, Schürzen oder Geschirr mit, alles, was halt abging.

Jede Besucherin besprengte nach dem Eintreten zuerst einmal Wöchnerin und Kind mit Weihwasser, dann wurden beide genauestens beschaut, nach Gesundheit und Wohlergehen befragt und über die Maßen gelobt. Wer das Kind zum ersten Mal sah, stupste ihm an das Näschen, damit es gesund bleibe. Die Gödin nahm eines der überreichten Eier, strich damit dem Kind über den Mund und sagte dazu: »Wie das Hennlein gatzt, so das Kindlein schwatzt«, auf diese Weise sollte das Kind leichter reden lernen.

Manchmal überreichte man die Geschenke mit einem gereimten Glückwunsch:

»I wünsch euch viel Glück, daß der Bua werd ganz dick,
i wünsch enk recht gern, daß er g'schnecklat soll wern.«

Und die Hoffnung auf baldigen weiteren Nachwuchs drückte man aus in:

»I wünsch enk Glück im Winkel,
macht's enk bald fürer
und na bald wieder hintere!«

Einen wohl im Chiemgau gebräuchlichen Glückwunsch beim Weisatgehen überliefert Franziska Hager für eine dortige Patin, die sich damit zur Sprecherin aller »Weisenden« machte:

»I grüaß di Gott, i bin gebot'n,
zum Weisat san ma aufazogn,
zerscht möcht i fragn
wia's enk so geht,
obs a recht gsund seids oder net.
Und, wia's an Buam geht
möcht i fragn,
ob er scho bald kann Deifi sagn.
Ja, schaugts nur drauf,
i kon enk sagn,
an Vatern derf er net nachgratn,
der trinkt oft z'vui und schpuit dazua,
von so an Mannsbuid hab i gnua.
Ja, liabe Godn, i hoffs bestimmt,
daß bald a Schwesterl nachikimmt,
denn später na, du derfst es glabn,
tuat er sie selba um oani schaugn.
A richtigs Paarl, dös muaß oan gfreun,
wann s' dö Ohrwaschl oan voi schrein.
A Schafi ham ma zum Weisat kaft,
weil a der Bua
glei an Viechstand braucht.
Und daß enk d' Leut mögn,
dös konnst kenna,
sunst warn mir net so zahlreich kema.
Und iatzta mach i nacha Schluß,
der Göd und i, mir ham an Durscht.
Mir wünschn enk no mitanand
an recht an guatn Ehestand.«

Es versteht sich von selbst, daß nun auch die so geehrten Eltern sich nicht lumpen ließen und alle Weisenden bewirteten. In der Dachauer Gegend ließ man es bei Bier, Brot und Branntwein bewenden, bei »Vermöglicheren« stellte man Käse und Braten dazu. So dürfte es wohl in den meisten Landschaften gewesen sein. Aus Niederbayern überliefert wieder Joseph Schlicht, daß man es da schon nobliger gab: »Gesottenes und Gebratenes, dazu hielt der Vater ein Fäßlein Braunes in Bereitschaft mit guten 20 Maß.« Auch in der Landshuter Umgebung wird von üppigem Mahl berichtet, das mit Nudel- oder Pfannkuchensuppe begann, dann Fleischsuppe mit gebackenen Knödeln und gekochtes Schweinernes mit Gemüsen vorsah. Den Abschluß bildeten Zwetschgenbavesen, bevor ein Verdauungsspaziergang die Besucher im Hof herumführte.

Man begutachtete das Vieh, die Gebäude wurden besichtigt, die Aussteuer und die Einrichtungen angeschaut, die den Nachwuchs erwarteten. Dann soll es noch einmal ans Schmausen gegangen sein, das sich insgesamt über sechs bis acht Stunden hinzog. Kein Kindlmahl muß ohne Karten abgelaufen sein, ein kleines Spiel gehörte mit dazu, und dabei wurde das Fäßchen fast geleert, denn »ein kleiner Bayer«, sagt der Volksmund, »muß gehörig eingenetzt werden, daß er großwächst!« Den letzten Rest nahm dann der Gevatter in einem Krug seinen Knechten und Mägden von der Weisatfahrt als »Bschoad« mit nach Hause. Daß oft ein Räuscherl damit Hand in Hand ging, verstand sich von selbst, mußte aber wohl sein, denn der gemeinschaftlichen Schmauserei – umfaßte sie nun nur eine brave Kaffeetafel oder ein großes Mahl – lag der Gedanke zugrunde, Kraft und Fruchtbarkeit möchten allen erhalten bleiben.

Damit aber die Kinder nicht ganz leer ausgingen, gab es das oberbayerische »Semmelbeißen«, wozu die Nachbarinnen Weißbrotlaiberl wie kleine Semmeln backten, sie dann aushöhlten – das Innere verwendete man wieder für den Dutzel – und mit Kletzenbrühe oder Mus füllten. Alle Nachbarskinder bekamen von diesem sogenannten »Kindlbrot«, gelegentlich füllte man es im Winter auch mit Schnaps, dann aber gehörte es den Männern.

Der Höhepunkt aller Weisatgaben muß jedoch im bayerischen Oberland ein »Weisatwecken« gewesen sein, den der Bäcker aus feinstem Weizenmehl in solcher Länge herstellen mußte, wie es nur grad sein Backofen zuließ. 3 bis 4 Meter konnte so ein Meisterstück schon erreichen, in einzelnen Teilen gefertigt und dann kunstvoll zusammengefügt. Ein solcher Riese war natürlich nur bei den Großbauern der

Brauch. Er mußte wie ein Zopf geflochten oder zumindest recht schön »aufgerissen« sein. Dann verzierte man ihn kunstvoll mit Blumen, Bändern und Sprüchen, auch der Rosmarin durfte nicht fehlen, lupfte ihn auf einen Langholzwagen, der ebenfalls festlich geschmückt sein mußte und spannte vier riesige Ochsen oder schwere Rösser vor. Damit auch das ganze Dorf als Zuschauer sein Vergnügen an der feierlichen Überreichung mit all ihren Zeremonien hatte, begleitete den Weisatwecken ein richtiger Hofstaat, der allerdings mehr einem Faschingszug ähnelte. Lustig sollte es ja zugehn und so umständlich wie nur grad möglich, damit die Fahrt möglichst lang dauerte. Voran ritt ein Zeremonienmeister im Gehrock und Zylinder, ihm folgten die »Brotvermesser« mit den Werkzeugen der echten Geometer: Visiergeräten, Zaunlatten, Winkeln und Zirkeln, die sie alle paar Meter an den Wecken anlegten, um festzustellen, ob es ihn auch nicht verzogen habe. Ein Bezirksamtmann, ein Landrichter, der Gemeindediener mit einem Mordstrumm Säbel, alle marschierten mit, und das im heiligen Ernst und unter größten Vorsichtsmaßregeln, die alle Umstehenden erheiterten. Unter ohrenbetäubendem Lärm und Musizieren kamen sie schließlich vor das Haus der Kindsbetterin, wo dem glücklichen Kindsvater eine jubelnde, aber recht unsinnige Glückwunschrede gehalten wurde. Es konnte sich aber auch, wie vom Samerberg überliefert ist, um einen richtigen feierlichen Begrüßungsspruch handeln:

»Grüaß Gott, ihr Frauen und auch Herrn,
ihr kommts von naxt und a von fern
und wollts, wie das so oft geschehn,
den neuen Weisatwecken sehgn.
Ihr fragt, was soll der Wecken sein?
Ihr Musikanten, stimmet ein!
Im Moierhof hat über Nacht
der Storch an junga Bauern bracht.
Das freut die ganze Dorfschaft sehr,
ihr Burschn, druckts enk alle her,
wir wollen alle fröhlich sein
und ihm ein lautes Vivat schrein.
Tusch.

Alsdann, ihr wollts mir Antwort geben,
wem dankt das Kindlein wohl sein Leben?
So wünschen wir zu dieser Stund
der Mutter einen guten Gsund,
daß sie noch lange leben möcht
in aller Schönheit, so wär's recht.
Drum sei auch ihr jetzt mit Bedacht
ein wirklich lautes Hoch gebracht.
Tusch.
Ihr Burschen, losts mir weiter zua,
ein Vater ghört wohl auch dazua.
Und darum soll bei unserem Schrein
der Bauer nicht vergessen sein.
Er schaugt scho aus als wia das Lebn,
da werds no mehra Kinder gebn,
und allawei wern mir omarschiern
und eahm zum jüngsten grataliern.
Iatzt sag i no – i tua net spaßn,
er werd si wohl net lumpn lassn
und uns auch wohl traktieren hier
mit einem Faßl gutem Bier.
Ihr Burschen, alle, stimmts mit ein,
Dem Bauern soll ein Vivat sein!«

Mit der größtmöglichen Umständlichkeit wurde nun der Riesenwekken abgeladen und in den langen Hausflur gelegt, wo man ihn ein paar Tage lang zur »Beschau« durch das ganze Dorf liegen ließ, bevor er an die Armen verteilt wurde.

Allerhand Aberglauben um die Zukunft

Kleine Kinder waren von jeher zum Gernhaben. Nur ganz selten wird einmal vom Gegenteil berichtet. Man hätte sich »Sünden geforchten«, und auch jeder erwachsene Christenmensch würde jeden verachten, der sich an einem Kind vergriffen hätte. Freilich konnte eine Mutter mit einer vollen Kinderstube nicht für jedes die gleiche Aufmerksamkeit und die Zeit aufwenden, die wir heute nach pädagogischem Ermessen für gut halten würden. Ebenso auffallend wie befremdend mutet auch an, wie wenig man um ein gestorbenes Kind trauerte. Dies wohl deshalb, weil es fast nie das einzige war, das man hergeben mußte, und die verbliebenen einen über den Verlust hinwegtrösteten. Zum anderen, weil man fest davon überzeugt war, daß ein früh verstorbenes Kind direkt »vom Mund auf in den Himmel käme« und nur deshalb die Welt habe verlassen müssen, weil unser Herrgott wieder einen neuen Engel gebraucht habe.

In diesen Zeiten weitaus größerer Armut und sehr begrenzter ärztlicher Hilfsmöglichkeiten wurde das ganze Familienleben viel stärker, als wir es uns heute vorstellen können, von religiösen Bräuchen und – wo diese auch keine Hilfe mehr versprachen – von Aberglauben bestimmt.

Nur allzu gerne ließ man sich dazu verleiten, aus familiären Gegebenheiten oder körperlichen Merkmalen und Verhaltensweisen künftiges Schicksal vorherzudeuten:

In Oberösterreich sagt man dem siebten Sohn einer Familie nach, daß er eine glückliche Hand habe etwas zu heilen oder zu pflanzen, er solle also bevorzugt ein Pfarrer, ein Arzt oder ein Gärtner werden. Hat das Neugeborene statt eines Haarwirbels, was als normal anzusehen war, zwei, dann läßt das auf Gescheitheit schließen, bei dreien auf Leichtfertigkeit. Stehen dem Kind die ersten Zähne weit auseinander, so verschlägt es einmal das Schicksal weit weg von daheim, und sind die Ohren lang und schmal, könnte es gleich gar einmal ein »Langfinger« werden! Weit verbreitet ist der Brauch, dem Kind, sobald es einen Monat (in manchen Gegenden auch ein Jahr) alt war, ein Geldstück, einen Rosenkranz, einen Kochlöffel oder einen Hochzeitsbuschen vorzulegen. Wonach es zuerst greift, danach richten sich seine künftigen Neigungen. Das Geldstück bedeutet Geiz, der Rosenkranz, daß es gern betet, der Kochlöffel Geschick am Küchenherd und der Hochzeitsbuschen einen ausgesprochenen Hang zur Geselligkeit.

Was man alles beachten mußte ...

Der erste Ausgang des Kindes, der erste Besuch bei den Nachbarinnen, das waren wichtige Ereignisse. Wo immer die Mutter mit ihm auftauchte, mußte ihm zuallererst ein Ei geschenkt werden. Man machte damit vor seinem Mund ein Kreuzzeichen und sagte dazu:

»Da hast a kloane Haustür,
behüt di Gott vor Wasser und Flur,
Gott Vater Sohn und Heiliger Geist!«

Im Chiemgau ist dazu folgender netter Spruch überliefert:

»Wann d' Henna ofanga z' gaggern,
na fangst du o z' schnattern,
wann s' ofanga z' legn,
na fangst du o mit'm Red'n.«

Das Ei bezeichnete man entsprechend seiner Bedeutung auch als »Pappelei« oder »Schwatzei«, und war es gar das erste Ei von einer erstmals legenden Henne, also von einem sogenannten »Singerl«, so verhalf das dem Kind zu einer besonders schönen Stimme. In Niederbayern schenkte man dem Kind bei dieser Gelegenheit auch ein Stückl Brot dazu, es sollte ihm helfen, niemals neidig zu sein. Bei dieser Gelegenheit ließ man das Kind auch immer in den Stall schauen, weil das für das Gedeihen der Haustiere gut sein sollte. Wollte die Mutter gern ein Kind mit geschneckelten Haaren haben, dann mußte sie es am 1. Mai in den Regen hinaustragen, sollte es recht fromm werden, legte man ihm in den ersten drei Lebenstagen ein Gebetbuch unter das Kopfpolster. Konnte es aber nicht gut einschlafen, so halfen grüne Birkenreiser, unter das Kissen geschoben.

Was alles verboten war ...

Die Verbote bezogen sich zu allererst einmal auf die Sauberkeit. »Einem ungewaschenen Kind geht der Teufel nach, und über solch ein Dreckfackal weinen die Muttergottes sowie der Schutzengel«, hieß es. Das Haus in ungewaschenem Zustand zu verlassen, war also untersagt. Dazu steht im krassen Gegensatz die allerorts verbreitete Ansicht, einem kleinen Kind solle man vor dem ersten Geburtstag nicht den Kopf waschen, der »Grind« müsse oben bleiben, dann würde das Kind recht gescheit! Die Fingernägel und Haare sollten im ersten Jahr auf keinen Fall geschnitten werden, sonst würde der Verstand mit abgeschnitten. Die Nägel dürfe man höchstens abbeißen, sonst lerne das Kind das Stehlen. Dahinter verbirgt sich die altüberlieferte Anschauung, Nägel und Haare als körperlicher Abfall gäben Dämonen, falls diese ihrer habhaft würden, Macht über den Menschen, von dem sie stammten. Sie müßten deshalb sofort vernichtet werden und dürften nirgends herumliegen. Heißt es einerseits: Mairegen läßt die Kinder wachsen, so ist man andererseits das ganze erste Lebensjahr über bemüht, die Kinder vor dem Anregnen zu bewahren, denn bis ins Rheinland hinauf und nach Böhmen hinüber wird dies als Ursache für Sommersprossen betrachtet, die man im Chiemgau liebevoll als »Summamirl« bezeichnet. Zur gleichen Zeit läßt man ein kleines Kind nie in den Spiegel schauen, sonst würde es ein rechter Einfaltspinsel, zumindest leichtsinnig und ein Verächter der Bauernarbeit. Außerdem schaue aus dem Spiegel der Teufel heraus, erklärt man den kleinen Plagegeistern, wenn sie halt doch unbedingt einen Blick hineinwerfen wollen, in Franken droht man sogar mit dem Blindwerden.

Auch die »Kindswasch« wurde mit Ge- und Verboten belegt: sie darf nicht im Freien, sondern nur unter dem Dach gewaschen werden, damit nichts Böses darankommt und sie von keinem Wind bewegt wird. Aber auch unter dem Dach darf sie weder am Sonn- oder Feiertag, noch nach dem Gebetläuten auf der Leine hängen bleiben, denn sonst kommt die Drud, die Hex, und »druckt« das Kleine, daß es nicht mehr schlafen kann. In Kärnten fürchtet man sich, daß Windeln, die nach Sonnenuntergang nicht abgenommen wurden, dem Kind das »Nachtrearende« oder »Nachtwoana« übertragen. Von diesem Leiden kann es nur befreit werden, wenn man einen Wäschepleuel, ein »Waschbloi«, mit einem Hemd des Kindes bekleidet und ihn über Nacht ins Freie stellt. Zieht man am nächsten Tag dem weinenden Kind dieses Wäschestück an, so weicht das Leiden von ihm. Vergißt man gar Wäschestücke im Freien auf der Leine, so verfällt das Kind der Auszehrung. Außerdem darf die Wäsche nie mit dem Waschbloi geschlagen werden, das Kind könnte dann nur recht schwer lernen. Erwachsene dürfen auch ihre Hände nicht in Kinderwindeln abtrocknen, denn solche Leute haben die Kinder später nicht lieb. Das Waschwasser soll man auch nicht in hohen Bogen wegschütten, sondern nur ganz nieder am Erdboden ausgießen und am besten vor einem Obstbaum, dann wird das Kind nicht aufbrausend und jähzornig. Nach Sonnenuntergang läßt man solches Wasser überhaupt besser stehen, um dem Kind nicht die Nachtruhe zu rauben.

Die Liegestatt des Kindes betreffen gleichfalls etliche Verbote, so darf man keinesfalls über ein liegendes Kind hinwegschreiten oder darübersteigen, sonst wächst es nicht mehr. Passiert das doch einmal, so muß man sofort rückwärtstreten, um den Bann zu lösen. Ja, nicht einmal Gegenstände soll man darüber wegreichen, das Kind bekäme sonst den »Herzspann«, eine bald zum Tode führende Krankheit.

Auch legt man das Kind nicht auf die linke Seite, es würde linksseitig, und das ist unbedingt verwerflich, denn »Linkshändige sind hinterlistig wie Judas, der den Beutel mit seinen Silberlingen in der Linken hielt!« Auf keinen Fall schaukelt man aus Versehen eine leere Wiege, das raubt dem Kind, das später darinliegt, den Schlaf. Ganz schlimme Folgen hätte auch das Hinausreichen des Kindes durch ein Fenster, allgemein fürchtet man, daß damit das Wachstum gehemmt würde; in der Landshuter Gegend heißt es gar, solch ein Kind würde später als Erwachsener einmal vom Blitz erschlagen, während man im Chiemgau das Stehlen davon ableitet.

Auch mit dem Abmessen des Kindes sind Gefahren verbunden: Im Chiemgau läßt man dem Kind vor dem ersten Geburtstag kein Kleid anmessen, sonst wächst es nicht mehr, um Landshut ist das Messen aus demselben Grund ganz und gar verboten, in Oberösterreich bezieht man das Verbot nur auf den kindlichen Kopf.

Das Stillen soll mit Ablauf des ersten Lebensjahres eingestellt werden, sonst bringt das Kind später durch seinen Neid anderen Leuten Schaden und Unglück, hieß es. Daß man ein kleines Kind nicht auf den Friedhof mitnehmen sollte, weil es der »verzehrenden Macht« der Toten ausgesetzt würde, ist ebenso weit verbreitet wie das Fernhalten vom Keller, der es furchtsam mache. Eigenartig mutet ein Verbot aus Franken an, gleichaltrige Kinder, die noch nicht sprechen können, sollten sich nicht gegenseitig anlangen und auf keinen Fall miteinander schmusen, sonst würde eines von beiden das Reden nicht lernen. Die für den Volksglauben recht häufige Umkehrung der Bedingungen äußert sich in der Ansicht, ein Kind dürfe im ersten Lebensjahr an nichts riechen, sonst könne es später einmal gerade diesen Geruch nicht mehr wahrnehmen.

Viele Verbote muten heute völlig sinnlos an, wie daß Kinder unter einem Jahr keine roten Schuhe tragen dürften, sie könnten dann später kein Blut sehen. Ihre Kleider darf man nicht flicken, man nähte sonst ihre kleine Seele mit an und verletzte sie. Hieß es aber, sie sollten nicht mit Katzen spielen oder gar auf einem Hund reiten, weil das bei ihnen die »hinfallende Krankheit« auslöse, so war dies durchaus sinnvoll, denn von der Übertragung ernsthafter Krankheiten durch den allzu unbekümmerten Umgang mit Haustieren wußte man zwar noch nichts, hatte aber sicher schon damit schlechte Erfahrungen gemacht. Auch Geldgeschenke waren nicht gern gesehen, es hieß, das Kind würde dadurch veranlaßt, später mit dem Geld recht leichtsinnig umzugehen.

Ganz vorsichtig war man in der Wahl seiner Worte vor einem Kind: In Gegenwart eines Neugeborenen zu streiten, zu fluchen oder gar eine böse Vermutung über seine Zukunft auszusprechen, wurde immer und überall geradezu als Einladung für das Böse angesehen und deshalb auch dem Verursacher sehr übel genommen.

Mittel gegen den »Kinderkrank«

Um die Gesundheit eines Kindes machte man sich zu jeder Zeit große Sorgen. Doch konnte man sich nur selten dazu den Rat eines Hausarztes holen und war so vor allem auf den erfahrener Nachbarinnen und älterer Verwandter angewiesen. Man verließ sich in erster Linie auf alles, was sich schon einmal bewährt und als gut herausgestellt hatte und war damit oft auf gar nicht so falschem Weg.

Bedenkt man, daß wahrscheinlich noch am Ende des 18. Jahrhunderts die Hälfte aller Kinder vor dem dritten Lebensjahr starb und noch vor hundert Jahren fast ein Drittel der Säuglinge kein Jahr alt wurde, dann kann man sich die Sorgen und den oft aussichtslosen Kampf der Mütter

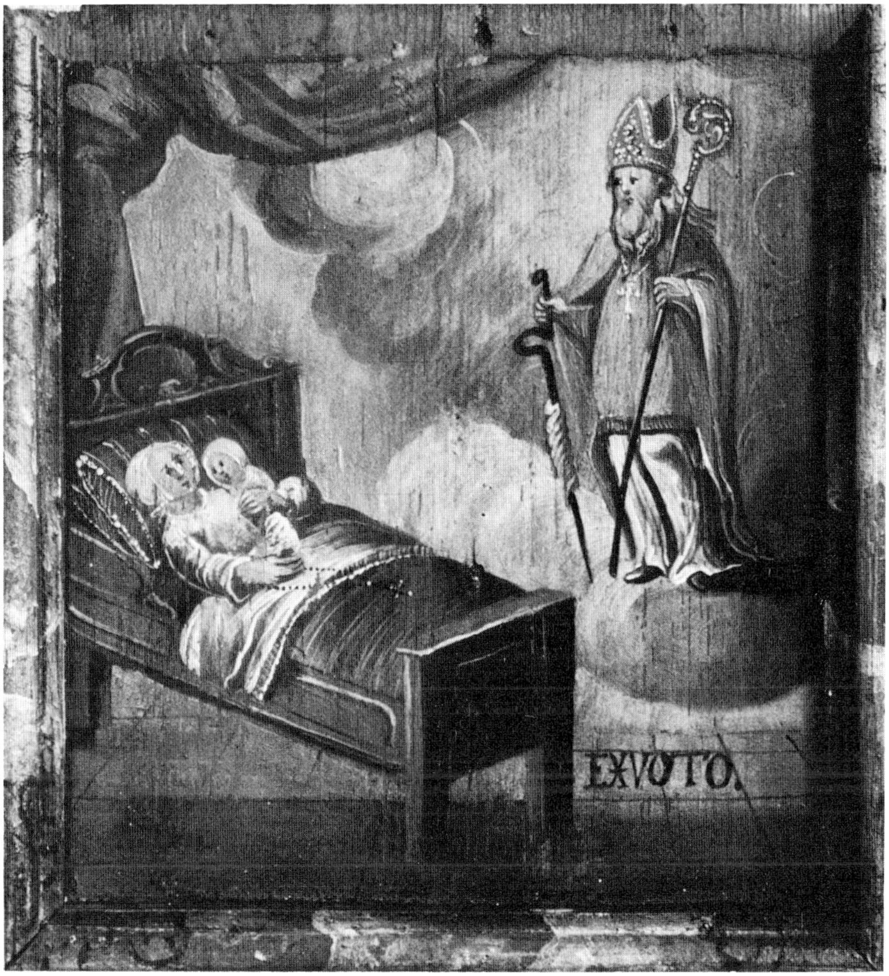

Votivbild vom Wallfahrtsort Heiligenberg zur Anrufung des hl. Erasmus.

in den ersten Lebenswochen vorstellen. Viele der ansteckenden Krankheiten verloren ja erst im 20. Jahrhundert ihre Gefährlichkeit, darunter die so gefürchtete Tuberkulose. Nur zu verständlich, daß man sich in letzter Not vom Gebet zum Schutzpatron alles erhoffte.

Schutzpatrone

Als Patronin gegen Kinderkrankheiten erfreute sich die hl. Klothilde des größten Vertrauens. Zu ihrem Ruf, die beste Helferin gegen das böse Fieber zu sein, kam sie, weil ihre eigenen Kinder bei schwerster Erkrankung durch beständiges Gebet gerettet worden sein sollen. Ihr Festtag ist der 3. Juni. Der hl. Blasius, dem man sich auch als Erwachsener bei Halserkrankungen anvertraut, hilft den Kindern vor allem bei schweren Erkältungen, der hl. Augustinus bei Augenleiden und der hl. Valentin bei der Fallsucht, was ihm auch den Namen »Sankt Fallnithin« eingetragen hat. Den heiligen Erasmus mit der »Darmwinde«, der so schreckliche Folterqualen durchmachen mußte, ruft man bei Bauchweh an und eigentlich bei jedem grundlosen Schreien, das ja meistens auf Blähungen zurückgeführt wurde. Großer Beliebtheit als Kinderpatron erfreute sich auch der hl. Vitus. Er ist der große Helfer gegen das Bettnässen, weil er der Legende nach in einen Kessel von flüssigem Blei gestoßen wurde. Dieses sein Symbol deutete man als ein Nachtgeschirr, und so herrschte mancherorts, beispielsweise in der Wallfahrtskirche von Rauns im Allgäu, der Brauch, in den Kessel einer hölzernen Vitusstatue die Harngläser von Kindern zu legen, damit der Heilige ihnen durch seine Fürbitten endlich zu einem trockenen Betterl verhelfen möge.

Kein Heiliger konnte sich jedoch mit der Macht und Bedeutung messen, die dem Schutzengel zugeschrieben wurde. Jedes Kind hat einen, dafür gibt es unzählige Beweise. Der einzige schriftliche Hinweis auf seine Existenz ist in Psalm 91,11 zu finden: »Denn er hat seinen Engeln befohlen über dir, daß sie dich behüten auf allen deinen Wegen.« Dieser Satz wurde dahingehend ausgelegt, daß jeder Mensch einen Engel habe, der über ihn wache und ihm in allen Gefahren beistehe. Zwar unsichtbar, sei er doch allgegenwärtig und erhebe seine Stimme jederzeit. Wenn ihn die Kinder im Traum sehen, dann lächeln sie, tun sie aber etwas Böses, dann weint der Schutzengel, und dafür strafen kann er auch. Seine tägliche Aufgabe ist es, das Gebet des Kindes zum Herrn emporzutragen und mit der göttlichen Weisung wieder zu ihm heimzukehren.

Reisealtärchen, Klosterarbeit um 1800.

Aberglauben

War ein Kind von Anfang an recht schwächlich und anfällig, so bezeichnete man es als »net ausbacha«. Aus Kärnten ist direkt überliefert, daß man es auf der Brotschaufel noch mehrere Male in den warmen Backofen einschob. In der Oberpfalz hielt man etwas auf ein »Bad in Schildkrötenschalen«, das mache ein anfälliges Neugeborenes langlebig wie eine Schildkröte, hieß es. Weit verbreitet war auch das »Durchiziagn« in der selben Absicht: Ein Weidenstämmchen wurde aufgeschlitzt, so weit, daß man das kränkelnde Kind gerade durchziehen konnte. Darauf wurde der Stamm mit Bast wieder zugebunden. Sobald er zusammengewachsen war, sollte auch das Kind gesund und kräftig geworden, die Krankheit aber auf den Baum übertragen worden sein.
Um die Gesundheit kleiner Kinder zu sichern, hielt man in der Wochenstube gern ein Turteltaubenpaar oder einen Kreuzschnabel,

denn beide Vogelarten sollten Krankheiten auf sich ziehen. Erkrankte ein Kind trotzdem, dann mußte man ihm die Strümpfe kreuzweise übers Bett legen, um die bösen Geister zu verscheuchen, die ihm den »Krank« gebracht hatten. Selbstverständlich kannte man sich aus im Gebrauch der Heilpflanzen. Das Eisenkrautsafterl wurde eingesetzt gegen Husten und Heiserkeit, der Holunder- und Rübensaft gegen das Fieber und ein Vergißmeinnichtaufguß, ein Kümmel- oder Fenchelwasserl gegen Darmkoliken. Aber außer Abführsäftchen, deren Rezeptur die Hebammen vermittelten, kannte man kaum natürliche Arzneimittel und lieferte das Kind oft den absonderlichsten Praktiken aus. Die Gelbsucht hielt man bei Neugeborenen für etwas völlig Natürliches, man glaubte, dabei löse sich alles Schädliche im Kind und gehe durch die Haut nach außen. Erkrankte das Kind aber anderweitig, so beklagte man nicht selten, daß bei ihm die Gelbsucht nicht so recht herausgekommen sei und nun die Krankheiten sichtbar würden. Von der Augenentzündung der Neugeborenen, die weit verbreitet war und sehr häufig auftrat, sagte man, die Gelbsucht habe sich auf die Augen geschlagen.
Man schwor darauf, daß Knabenkraut gegen den Bruch helfe, aber nur, wenn seine Wurzel drei Tage vor Neumond ausgegraben und unter Anrufen der Heiligen Dreifaltigkeit auf die Bruchstelle gepreßt würde. Danach müsse man die Wurzel eingraben, und der Bruch verschwinde. Ein Kind, das einen Dattelkern bei sich trägt, fällt nicht, hieß es: as nimmt beim Hinfallen wenigstens keinen körperlichen Schaden, denn die Dattelpalme war in allen Büchern als ein starker, gerade aufragender Baum gezeichnet, dessen Eigenschaft sich im Samen auf das Kind übertrage. Eine der besten Hilfen für das Gesundbleiben aber sei im Chiemgau immer schon der »Mauskopf« gewesen, berichtet Franziska Hager. Der Knecht mußte dazu eine Maus fangen, sie in sein Sacktuch eindrehen und ihr den Kopf abbeißen. Dieser Mauskopf wurde dem Kind in den Nacken zwischen die Schulterblätter gehängt.
Gegen den »Frosch«, wie man die Mundfäule nannte, fing man einen Laubfrosch, band ihn in ein Taschentuch und hängte ihn so lange an ein Fensterkreuz, bis er tot war. Solch einen getrockneten Frosch lieh man sogar von Haus zu Haus. Er half ebenso wie das »Löschwasser« bei der Mundfäule. Um das herzustellen, hielt man einen glühenden Schürhaken in eine Tasse Weihwasser. Mit Löschwasser wusch man dann wie-

derholt dem Kind den Mund aus. Kleine Geschwüre, besonders um die Augen, wurden, ebenso wie die Rachitis, aber besser von der Abbeterin behandelt. Bei Keuchhusten dagegen vertraute man auf Abhilfe durch Essen von einem Holzteller, in das der Schmied ein Hufeisen eingebrannt hatte.

Das Zahnen

Traten diese Krankheiten nur gelegentlich bei Kindern auf, so wußte man doch, daß eine Ursache für oft stundenlanges Wimmern oder doch zumindest »Ungnädigsein« das »Zahnen« darstellte, dem keines auskam. Bei fast jedem unerklärlichen Schmerz legte man dies zugrunde und meinte, das Zahnen »sei halt mit dabei«, wenn sich das Kind unruhig und weinerlich gab, eine heiße Stirn hatte oder sich ständig wie wild auf die Fingerchen biß. Man glaubte es aber auch bei Husten, Appetitlosigkeit, wenn es erbrach oder sich Hautausschlag zeigte. Die vorsichtige Mama verabreichte daher vorbeugend vom dritten Monat an eine Messerspitze fein gestoßene Eierschale im Flascherl, denn es hatte ihr schon die Oma ans Herz gelegt, das mache kräftige Zähne fürs Leben. »Ist halt zusätzlicher Kalk gewesen und kann nicht geschadet haben«, würden wir heute dazu sagen. Es war aber dies eigentlich das einzige Hilfsmittel, das geholfen haben könnte.
Alle anderen, und ihre Zahl geht sicher in die Hunderte, gehörten zu den Sympathiemitteln und wurden in den wenigsten Fällen aufgeschrieben, fast nur mündlich überliefert. Schon lange vor dem Beginn der richtigen Zahnperiode behängte man das Kind am Hals mit Amuletts. Das konnten Tierzähne sein, wie die eines einjährigen Füllens, einer Gams oder eines Hasen im schwäbisch-alemannischen Raum, ganze Bündel von Hundezähnen in der Landshuter Gegend oder Wolfs- und Eberzähne in Oberösterreich. Im Oberbayerischen hielt man sich mehr an das »Schergräberl«, die in Silber gefaßte Vorderpfote eines Maulwurfs oder auch eine Halskette aus winzigen Natternwirbeln.
Doch kommen ebenso pflanzliche Amulette in Betracht, so die sehr weit verbreiteten »Petonikroln«, aufgefädelte Samen der Palonia

(Pfingstrose), in Kärnten »Zahnpaterln« genannt, die in ungerader Zahl, in ein kleines Sackerl eingenäht, dem Kind um den Hals gehängt wurden. Den gleichen Zweck erfüllte die »Elefantenlaus«, der Samen von Anacardii, vielfach wurden Stückchen von florentinischer Veilchenwurzel zusammen mit Glasperlen eingenäht. Gern verwendete man auch die sogenannten »Schrecksteine«, rauten- oder herzförmige Stücke aus Talk, in Silber gefaßt, die wie ein Halsketterl getragen wurden.

In Oberösterreich und bis in die Wiener Gegend war es Brauch, zahnende Kinder in den geheizten Backofen schauen zu lassen, damit sie die Schmerzen leichter aushielten – vielleicht wollte man sie damit auch nur ablenken! –, oder man zog ihnen einen lebenden Fisch über den Mund, den man anschließend gleich wieder ins Wasser setzte. Ein in Franken verbreitetes Sympathiemittel war das Einnähen eines Leinensackerls in den Kleidersaum, besetzt mit drei Dornen von einer Rosenhecke, die man vor Sonnenaufgang südwärts abgerissen hatte. Die Sitte der Mittelmeerländer, bei Zahnschmerzen frisches Hasenhirn auf das Zahnfleisch zu streichen, muß auch nach Bayern gedrungen sein, nur schoß man hierzulande Eichhörnchen und bestrich mit ihrem noch warmen Gehirn den Kiefer des zahnenden Kindes.

Die meisten Mütter aber verließen sich doch am liebsten auf den Segen der Kirche, und der sollte dem zahnenden Kind besonders bei der Fronleichnamsprozession zuteil werden, weshalb man sie dabei mittrug und ihnen bei jeder Station und dem dabei erteilten Segen den kleinen Mund mit der Hand aufsperrte, damit der »Weich« an die richtige Stelle käme und zusätzlich vielleicht noch ein wenig höher, denn man sagte, dieser Segen lasse die Kinder auch leichter lernen.

Die Fraisen

Eine der gefürchtesten Kinderkrankheiten war die Fraisen. Unter diesem uralten Namen verstand man Krankheiten verschiedenster Art, insbesondere alle, die mit Krampfanfällen verbunden waren. Ihre Ursachen waren unbekannt, und dies legte die Ansicht nahe, daß die jeweilige Krankheit angezaubert worden sei. Die Fraisen äußerte sich für gewöhnlich in Zuckungen, Augenverdrehen, bis hin zu epileptischen Anfällen. Man war aber schnell bei der Hand, auch andere, ohne erkennbare Ursache auftretende Krankheit, mit dem Begriff »Fraisen« zu umschreiben. So war dann Durchfall die »Grüne Frais«, Gelbsucht »die gelbe« und Rotlauf »die rote Frais«.

Die Mittel, mit denen man den Fraisen vorbeugen oder sie heilen wollte, sind überaus zahlreich und von Gegend zu Gegend recht verschieden, wiewohl der Ausdruck »Fraisen« selbst im gesamten deutschen Sprachraum verbreitet war. Eines der vorbeugenden und heilenden Mittel war der weitbekannte »Fraisbrief«, ein Papier, bedruckt mit einem Gebet. Ein solches Exemplar aus der Steiermark gibt Auskunft über verschiedene Fraisarten und setzt ihre Zahl mit ausgerechnet 77, der sogenannten »Galgenzahl«, an:

»Freisbrief, so ein Kind oder alter Mensch die Freis hat. Im Namen des Vaters und des Sohnes und des hl. Geistes, Amen. Das wollte Gott der Herr Jesu Christi heute, daß ich alle 77 Freis töten möge. Ich töte durch große Macht und den hl. Namen Jesu alle 77 Freis, die kalte Freis, die fallende Freis, die reißende Freis, rote Freis, abdörrende Freis, spritzende, zitternde Freis, abbrennende Freis, stille Freis, schreiende Freis, wütende Freis, geschwollene Freis, gestoßene Freis. Ich wende dirs (Namen des Erkrankten) durch Gott den Herrn und seine hl. fünf Wunden; ich wende dirs (Name des Erkrankten) durch sein hl. Evangelium. Im Namen des Vaters und des Sohnes und des hl. Geistes Amen.«

Solche Fraisbriefe vererbten sich in den Familien von Generation zu Generation, sie hingen auch oft gerahmt an der Wand und wurden dem Fraisenkranken dreimal vorgelesen. Wer bei der Lesung zugegen war, betete kniend danach sieben Vaterunser und sieben Ave Maria, sowie das Glaubensbekenntnis.

Vorsichtige Mütter legten vorbeugend schon unmittelbar nach der Geburt ein Muttergottesbild von Maria Plein bei Salzburg unter das Kopfpolster des Kindes. Bei den reicheren Familien wurde das Bild durch ein »Fraisen- oder Lorettohäuberl«, ein »Froashäubl« ersetzt.

Es ist dies ein Häubchen, aus vier keilförmigen Stücken Leinwand oder Seide zusammengenäht, in den Farben weiß oder grün. Auf einem dieser Teile ist entweder das Bild der Maria von Loretto, der Walpurga oder

Lorettohemderl und -windel aus dem Salzburger Lorettokloster (20. Jahrhundert).

des Valentin, des Patrons gegen die sogenannte »fallende Krankheit«, die Epilepsie, aufgedruckt. Man erhielt die Fraisenhaube im Lorettokloster zu Salzburg, im Kapuzinerkloster zu Linz und in zahlreichen anderen Klöstern, wo sie als Devotionalien verkauft wurden und zu den beliebtesten Wallfahrtsmitbringseln für werdende Mütter, aber auch alte Menschen gehörten, denn man setzte sie nicht nur dem fraisenden Kind auf den Kopf, sondern auch den Gebärenden und Schwerkranken auf die Brust, jenen zur leichteren Entbindung, diesen aber, um ihnen das Sterben leicht und schmerzlos zu machen.
Eine ähnliche Aufgabe erfüllten »Lorettohemdchen« oder »Froasenpfoadl«, Miniaturhemdchen, die auch heute noch im Salzburger Loret-

tokloster hergestellt werden, aus weißer Leinwand und an den Kanten mit roter Seide umschlungen. Der Klosterstempel ist aufgedruckt und darauf das Loretto-Christkindl zu sehen. Die älteren Hemdchen zeigen noch richtige Ärmel, bei den neueren sind sie nur noch angedeutet, auch sind sie einfacher und flüchtiger gearbeitet. Daneben kommen ebenfalls winzige, rot umrandete Loretto-Windeln vor.

»Froasenstoa« oder »Froastaferl« nennt man Tonplättchen, worauf ein Bild der Heiligen Dreifaltigkeit eingepreßt ist. Sie stammen vom Sonntagsberg in Oberösterreich, andere mit aufgemaltem Gnadenbild von Mariazell oder Maria Taferl. Man behandelte sie genauso wie Schabfiguren, d. h. man schabte bei Auftreten der Krankheit mit dem Messer an der Kante ein wenig Pulver ab und ließ es das fraisende Kind in der Milch trinken.

Eine Fraisenbehandlung, in der sich Glaube und Aberglaube nahtlos verbinden, ist eine Beschwörungsformel, welche die Krankheit als Zauberwesen personifiziert. Dieser Zauberspruch wird als »Gefraischsegen« bezeichnet und dürfte aus der Schweiz stammen. Er muß über das leidende Kind gesprochen werden: »Gott, der Herr, und der hl. Petrus gingen miteinander über die Heide, da begegnete ihnen das Gefraischlein. Spricht Gott, der Herr: ‚Gefraischlein, Gefraischlein, wo willst du hin?' ‚Ich will in das Haus brechen, will Fleisch fressen, will zwischen Vater und Mutter ein trauriges Herz machen.' Spricht Gott, der Vater: ‚Gefraischlein, Gefraischlein, das sei dir verboten. Fahre aus diesem Kind und komme zu diesem Kind nimmermehr.'« Anschließend wird über dem Kind dreimal das Kreuzzeichen gemacht und die christliche Beschlußformel gesprochen: »Im Namen Gott des Vaters, des Sohnes und des Heiligen Geistes. Amen.«

Aus der Fülle der magischen Vorbeugungs- und Behandlungsmethoden erscheint einem das Umhängen der »Fraisenketten« oder »Froasbet'n« als die makaberste. Diese besteht aus den Wirbelknochen der Kreuzotter oder Ringelnatter, die man, wie Andreas Schmeller sagt, um ihrer Wirksamkeit willen folgendermaßen gewinnen muß: »Die Natter wird am Frauendreißigst (Fest Mariä Himmelfahrt) lebendig unter einem Topf gefangen und entweder darin sofort in einem Ameisenhaufen vergraben oder vorher in einem neuen Topf durch Hunger und Hitze getötet.« Die von den Ameisen blankgefressenen Knochen wer-

Hl. Anastasia, Kleinplastik (19. Jahrhundert) und Fraisenhäuberl mit Bild des hl. Valentin.

Zwei »Froasbet'n« mit verschiedenen Anhängern.

den als sogenannte »Heckwurmperlen« auf ein rotes »Madlgarn« zur Kette aufgereiht, einem Faden, den ein Mädchen unter sieben Jahren gesponnen haben muß. Verschiedene Anhänger, wie Alraune, Blutstein, Korallen, Wolfgangihackl, Sebastianspfeil, Silbertaler usw. – aber immer in ungerader Zahl! – können die Wirkkraft erhöhen.
Weit verbreitet und weniger unheimlich anzusehen waren auch die »Froas-Sackerln«, die man wie die Froaskette, dem Kind um den Hals hing. Es handelt sich dabei um lederne oder baumwollene Säckchen, oft mit Messingblech umrandet und so gefertigt, daß man sie nicht öffnen konnte, ohne sie zu zerstören. Man fühlte darin einen höckerigen Inhalt, Wurzeln oder Samen, es konnte aber auch ein Gebetszettel mit einer geweihten Münze eingeschlossen sein. In Kärnten nähte man sogar mehrere Säckchen an eine Schnur und entlieh sie von Haus zu Haus, oft auch von Dorf zu Dorf, denn nicht jedermann besaß solch ein Kleinod, um es dem Kind bei Bedarf umzuhängen. »Wenn es zum Leben ist, hört's gleich auf, sonst ist's zum Sterben«, sagte man von einem so behandelten fraisenden Kind.
Auffallend oft erscheinen als Gegenmittel bei Fraisen Pflanzen, die entweder umgehängt oder besonders zubereitet eingegeben werden. Zur ersteren gehören die »Peterln« oder »Petonikroln«, die Samen der Päonie (Pfingstrose), die man an einer Kette aufgefädelt auch umhängte, wie vorher beschrieben, zu letzteren Nachtschattengewächse (Solanum) und Mohn (Papaver). Beide beinhalten Wirkstoffe mit beruhigenden, sogar narkotisierenden Bestandteilen, wirken also krampflösend und werden in anderen Zusammensetzungen heute von der Medizin im selben Sinn eingesetzt. Es wird sogar behauptet, daß bereits die Germanen beide Pflanzen gegen Fraisen einsetzten! In der Dachauer Gegend sollen gepulverte Gänseblümchen, in Butter gedünstet, unter das Muserl gemischt und verabreicht worden sein. Das Einreiben des Köpfchens mit Enzianwurz oder ein Umschlag mit dem Saft der Hauswurz sollen ebenfalls gewirkt haben.
Unter den tierischen Mitteln galten die Zunge und der Magen des Auerhahns als die erfolgreichsten. Diese Organe des »Waldhahns« wurden pulverisiert oder gekocht eingegeben und waren ein Beispiel für die Auffassung, daß man bei der Anwendung von Sympathiemitteln Gleiches mit Gleichem heilen müsse. Die Balzspiele des Auerhahns, sein

krampfhaftes Zucken und Federnstellen, werden wohl mit den Zukkungen beim Fraisen in Zusammenhang gebracht. Seltener war der Brauch, den Kopf einer Nachteule zu dörren oder das Horn einer Gemse zu pulverisieren (Südtirol), auf glühendem Eisen zu verbrennen und dann das Kind mit dem Rauch zu beräuchern. Wenn die Krämpfe ausgebrochen waren, gab man dem kleinen Patienten als Heilmittel auch eine verbrannte Pfauenfeder zum Riechen oder Milch zum Trinken, in die seine eigene getrocknete Nabelschnur abgeschabt wurde. Gerade dieser Brauch war im Alpenland überall verbreitet, genauso wie das Umhängen des »Fraisenbeindls«, oder »Schweinsg'hörls«, des Innenohrs eines Schweins, das Berühren mit einem Stück vom Brautkleid der Mutter oder wenigstens das Einwickeln in ihre Schürze.
Aus Kärnten wird überliefert, daß man als mächtiges Mittel gegen Fraisen ein Hufeisen verwendete, welches sich ein Pferd mit den Nägeln abgesprengt hatte. Ein bloß verlorenes dagegen wirkte nicht, wenn man es unter das Kopfkissen legte. Es soll auch nicht verschwiegen werden, daß man in Tirol die potentielle Kraft der Henkersschlinge benutzte, wenn man das Kind durch die Schlinge zog. Solche Henkerschnüre waren weltweit und zu allen Zeiten höchst begehrte Utensilien für zauberische Praktiken, und man stellte alles mögliche an, um sie zu ergattern. Es ist eine Episode aus dem Jahr 1833 überliefert, als in Brixen ein Schneidergeselle gehenkt wurde und in der Nacht sowohl Seil als auch Galgengerüst verschwanden und die Diebe sich förmlich rauften um die magisch aktiven Stücke.
Die Vielzahl der gegen die Fraisen eingesetzten Mittel spiegelt die Furcht der Mütter vor diesen unversehens auftretenden Krämpfen wider, die nach Meinung vieler den sicheren Tod des Kindes bedeutet hätten, versuchte man nicht, sie in der hier beschriebenen Weise zu bekämpfen.

Die Angst vor der Hex'

Alle Gefahren, denen ein Kind früher in Haus und Hof ausgesetzt war, weil man es ja nicht immer im Auge behalten konnte, beunruhigten die Mutter nicht so sehr, wie die Angst vor der Hex', die ihr Kind stehlen und stattdessen einen »Wechselbalg« in die Wiege legen könnte.

Ein »Wechselbalg« war ein häßliches, verzerrtes Wesen mit struppigem Haar und greisenhaftem Gesicht, das nur von Dämonen in das Bettchen hineingezaubert worden sein konnte. Sie kamen in den Rauhnächten gegen Mitternacht, vor allem in der Zeitspanne, wo die Wöchnerin noch nicht vorgesegnet war, und am liebsten, wenn in der Wochenstube keine Kerze brannte. Aber nicht alle Frauen konnten es sich leisten, nächtelang geweihte Kerzen zu brennen. Und so wachten und horchten die Mütter in die dunkle Nacht hinaus, sie verriegelten die Türen und stopften sogar noch die Schlüssellöcher zu, waren aber halt doch nie ganz sicher, ob die schlauen Hexen sie nicht weglockten, um im selben Augenblick das Kind auszutauschen.

Wechselbälge – so sagte sogar noch Luther – entstünden aus der Buhlschaft einer Hexe mit dem Teufel! Ohnmächtig war eine Familie in ihrem Zorn gegen ein vermeintlich ausgetauschtes Kind. Man kam nicht auf den Gedanken, daß es sehr wohl immer noch das eigene, nur eben verändert und entstellt, sein konnte. Entstellt durch Krankheiten, deren Namen uns heute geläufig sind und mit deren Krankheitsbild, das spontan in Erscheinung treten kann, wir jetzt alle vertraut sind. So kennen wir etwa den Mangel an Schilddrüsenhormon und können ihn beheben, bevor ein Kind sich in seinem Aussehen so nachteilig verändert. Die Rachitis hat ihren Schrecken verloren, weil rechtzeitige Vitamin-D-Gaben jedes Kind vor der krankhaften Mißbildung seines kleinen Skeletts bewahren. Selbst die Ursache des so gefürchteten Mongolismus ist uns bekannt: ein fehlerhafter Teilungsvorgang in den elterlichen Keimzellen, und selbst zu ihrer Abhilfe haben sich Therapien entwickeln lassen.

Es steht uns aber wohl nicht an, über diese Angst vor dunklen Mächten und ihrem direkten Einfluß auf das kleine Kind den Kopf zu schütteln. Sagen wir nicht noch heute oft genug: »Unberufen, toi, toi, toi« oder

Korallenketterl und -anhänger, »Schergräberl«.

klopfen auf Holz, so, als wollten wir damit ja nichts »verschreien« und die Möglichkeit einer Verwünschung abwenden.
Früher hat man gern hinter jedes lobende Wort über den kleinen neuen Erdenbürger ein »b'hüt di Gott« gesetzt, um es ja nicht zu verschreien, wie: »Mei, bist du aber scho g'wachsen, b'hüt di Gott« oder »Kost du aber schee sitzen, b'hüt di Gott«. Wurde diese Formel vergessen, so setzten sie die Umstehenden schnell dazu, damit das Kind nicht »vermeint« wurde oder »das Nachtgeschrei« bekäme, also irgendeinen Schaden erleide. Das führte vielerorts dazu, daß man sich das Kind überhaupt nicht mehr zu loben traute, um es nur ja nicht zu »verschreien«.
Manche Mütter ließen es vor Ablauf der ersten sechs Wochen nicht anschauen, vor allem, wenn es sich beim Betrachter um eine ungewaschene, verwahrloste Person handelte. Während dieser Zeit durfte das Kind auch nie alleingelassen werden, oder nach dem Gebetläuten noch außer Haus sein, desgleichen brachte man so spät der Wöchnerin auch nichts mehr von draußen in die Stube, vor allem kein Wasser, denn darin hätte sich die Hex' verstecken können. Man lieh auch während der ersten sechs Wochen weder etwas aus, noch nahm man Geliehenes an. Ungern gesehen waren als Besucher die Jäger, die Zigeuner und die Mausfallenhändler, sie hatten keinen guten Ruf. Jeder Eintretende mußte sich zumindest kurz niedersetzen, damit er dem Kind den Schlaf nicht wegtrage.
Ganz sicher ging die Mutter, wenn sie gegen das »Verschreien« ihr Kind am Fronleichnamstag zu den vier Evangelien trug oder mit dem Kind in die Kirche ging, sobald der Bischof die Firmung erteilte, denn gerade sein Segen bewahrte besonders vor bösen Verwünschungen.
Die magischen Abwehrmittel gegen die böse Hex' gehen in die Hunderte. Unter den Amuletten nimmt alles, was rot ist, eine Vorrangstellung ein. Rote Fäden oder Bänder werden schon dem Neugeborenen um das Handgelenk gebunden, rote Herzchen aus Stoff in die Wiege gelegt oder um den Hals gewickelt. Bei den reicheren Familien durften es auch Ketterl aus roten Granaten oder Korallenperlen sein. Drei rote Kreuzlein auf seine Hemdchen oder die Kissen zu sticken, war in allen Alpenländern der Brauch. So sind auch jeder Schutzzettel und jedes Heiligenbildchen wirksamer, wenn sie in Säckchen aus feinem rotem

Tuch stecken. In solche rote Beutelchen nähte man auch eine Mischung aus Salz, Kümmel und Dill ein oder versteckte darin etwas vom Ostergeweihten und legte sie in die Wiege. Auch Brot in der Wiege, sowie die Wurzel des Aronstabs bannten die Hexen. In Oberösterreich steckte man ein Spiegelchen unter das Kopfpolster, denn wenn die Hex' darin ihre eigene häßliche Fratze erblickte, erschrak sie so sehr darüber, daß sie nicht wiederkehrte. Eisen oder Stahl half auch gegen das Austauschen, darum legte man nicht selten ein kleines Messer an das Fußende der Wiege, ja öffnete sogar eine Schere, band das so zustandekommende Kreuz mit einem Band fest und schob es unter das Strohsackerl. In der ganzen Wochenstube wimmelte es nur so vor Drudenzeichen. Sie waren auf die Wiege – oft neben den Buchstaben IHS – aufgemalt, hingen am Fenster und an der Tür, vor allem aber an der Tischschublade, in welcher der Brotlaib immer verkehrt liegen mußte, weil das die Hex' nicht leiden konnte.

Die Ernährung

Die hohe Säuglingssterblichkeit noch zu Beginn unseres Jahrhunderts geht nicht nur auf gefährliche Krankheiten zurück, sondern hängt vor allem mit unzureichender und falscher Ernährung zusammen. Nur wenige Mütter waren imstande, ihr Kind monatelang und ausreichend zu stillen. Insbesondere, wenn einige Kinder in kurzen Zeitabständen nacheinander geboren wurden, so kostete sie das so viel Kraft, daß das Kind nie ganz satt wurde und zusätzlich gefüttert werden mußte. Dazu kommt noch, daß viele Hebammen den Müttern das Stillen auch recht verleideten, indem sie ihnen vorsagten, es führe zur Schwindsucht, weil das Kind ihre ganze Kraft aus ihnen heraussauge. Die wohl weltweit verbreitete Ansicht über die Schädlichkeit der Muttermilch nach Gemütsbewegungen, besonders nach Zorn oder Schreck, wird auch bei uns geteilt und hält selbst gesunde Mütter vom Stillen ab. Nicht selten hört man beim geringsten Weinen des Säuglings, er habe sich wohl eine »Krankheit von ihr weggetrunken«.
Reichere Familien leisteten sich eine Amme. Nur selten konnte diese aber voll ins Haus aufgenommen werden, weshalb man sich nicht

scheute, ihr das Kind für einige Monate ganz zu überlassen. Am Land vertraute man es oft einer Bauernmagd an, die selbst ein – meist uneheliches Kind – gerade stillte und froh war, eine Bleibe zu haben.
Wenn alles gut ging wurde das Kind auch zwei bis drei Jahre gestillt – »Muttermilch ist das billigste« – und dann erst entwöhnt. Dieses Entwöhnen sollte besonders leicht vonstatten gehen, wenn dabei am Sonntag früh die Kirchenglocken läuteten oder wenn man dazu dem Kind ein warmes Ei in die Hand gab. Je eher es das wegwarf, desto schneller vergaß es die Brust der Mutter. Dies mußte bei zunehmendem Mond oder Vollmond geschehen, damit das Kleine weiter gut gedeihe, nicht etwa bei abnehmendem, denn dann »schwand« auch das Kind. »Wer es am Gründonnerstag ablegen kann«, sagte man, sollte dies tun, »dann lernt es später recht gut«.
Eine Amme mußte zwischen 20 und 30 Jahre alt und vor allem gesund sein. Man schätzte eine Sanftmütige, duldete bei ihr keine Zornausbrüche und verlangte, daß sie keinesfalls trank! Einer strengen Prüfung unterlagen auch weitere Gewohnheiten, Gebrechen, wie Schielen und Stottern, sie könnten sich, meinte man, auf das Kind übertragen; ja, sogar die Haarfarbe wurde bewertet, denn die Milch von Rothaarigen war angeblich besonders scharf und konnte dem Kind einen bösen Charakter geben. Der Gedanke, daß entsprechend solcher Annahme bei Kuhmilch logischerweise auch Eigenschaften der Tiere auf das Kind hätten übergehen müssen, kam niemandem.
Schon recht früh erhielten Säuglinge verdünnte Kuhmilch zu trinken, in die man zum Andicken etwas Zwieback bröselte, dann folgte das »Mehlmuserl«, ein für gewöhnlich ungesalzener und ungezuckerter Brei, mit dem die kleinen Schreier abgefüttert wurden. Damit sie weiterhin schön brav lagen und keinen Laut von sich geben konnten, bekamen sie nun den Schnuller in den Mund gesteckt. Im Chiemgau hieß er der »Duzl« oder der »Baunzn«, in Schwaben der »Nutti«, in unserer Gegend der »Ditzl«. Hergestellt wurde er überall auf die gleiche Weise: In einen Leinenlappen, den »Duzlhadern«, wurden eingeweichte und gezuckerte Brotbrösel gebunden, daß das Ganze wie eine große Zwiebel aussah. Nicht selten tauchte man ihn zusätzlich noch in Schnaps, um die beruhigende und »kräftigende« Wirkung zu verstärken. Große Bäuerinnen backten dazu extra Stangen aus Weißbrot, die sogenannten

Bemalte Bauernwiege (19. Jahrhundert).

»Schnullerprügel«, um immer Brösel auf Vorrat zu haben. Ganz gewissenhafte Mütter kauten die Schnullerfüllung mit ihrem Speichel sogar ein und behaupteten, das mache das Kind gesund und kräftig. Manche verwiesen stolz auf fehlende Zähne, die ihnen nur deshalb so früh ausgefallen wären, weil sie für eine stattliche Kinderschar die Dutzeln mitsamt dem vielen Zucker hätten zerkauen müssen. Um den Kindern später den Schnuller wieder abzugewöhnen, wickelte man in den Schnuller einen Roßkäfer. Wenn der sich bewegte, wurde das dem Kind unheimlich, und es warf ihn weg!

Diese Ernährung, so extrem einseitig, war sicher mit Schuld an der hohen Säuglingssterblichkeit im vorigen Jahrhundert. Bei Verdauungsstörungen und Bauchschmerzen konnte und wollte man oft keinen Arzt hinzuziehen, man verließ sich lieber auf alte, überlieferte Hausmittel, den Eichelkaffee oder Fencheltee, schreckte aber auch vor dem Eingeben von Brech- und Abführmitteln nicht zurück, was nur die robustesten Kinder überlebten.

Die Kleidung

In Bayern bezeichnete man die kleinen Kinder gern als »Popperln«, weil sie sich wirklich wie ein winziges Spielzeug ausnahmen, wenn sie in der überall angewandten Weise gewickelt, d. h. »gefatscht« wurden. Das Wort »Fatsch« leitet sich ab vom lat. fasia = Bündel. Meterlange Leinwand gehörte daher zur Brautausstattung. Ein Jopperl oben, eine Windel unten und dann kreuzte man darüber die Fatschenbänder so, daß das Kind wie zu einem Paket, ja, fast wie eine Mumie, verschnürt dalag. Auch die Arme waren mit eingebunden, daß es sich nicht abdekken oder verletzen konnte, man behauptete auch, daß es so schön gerade und nicht krumm wachse. So steckte es zwischen den Kissen auf dem Strohsack, und war zwar nicht unbeaufsichtigt, aber bei der im Bauernhaus für die Mutter anfallenden Arbeit doch viel sich selbst überlassen. Daß es wegen dieses Alleinseins und auch der so festen Umhüllung viel schrie, störte niemand, ja, man war überzeugt, daß gerade durch das feste Schnüren beim Schreien kein Bruch entstehen könne. Jegliches Fallen und Stoßen war ebenfalls ausgeschlossen, also konnte nicht viel passieren. Daß es durch den Feuchtigkeitsstau in den Windeln zu schlimmen Hautausschlägen kam, versteht sich von selbst. Aber weil die Tradition des Wickelns so uralt, ja, schon in der Zeit vor Christi Geburt nachweisbar ist und die Mutter und Großmutter es auch so gemacht hatten, ging niemand davon ab.
Störte das Schreien, so scheute man sich nicht, Beruhigungsmittel zu verabreichen. Das mysteriöseste, aber ungemein geschätzte, war der Theriak, eine Mixtur aus bis zu siebzig verschiedenen Ingredienzien, und der Mitridat, der es nur auf fünfzig brachte, darunter neben dem

beruhigenden Baldrian auch Opiate. Beide wurden in kleinen Fläschchen von Hausierern, im Alpenland auch »Öltrager« genannt, verkauft und erfreuten sich ungeheurer Beliebtheit und Anwendung bei vielerlei Bedürfnissen. Schütteln wir heute den Kopf über solchen Unfug, dürfen wir nicht vergessen, daß noch bis 1920 opiumhaltige Kinderpillen im Handel waren und ältere Leute sich gewiß noch an den Mohntee erinnern, den man aus in Wasser zerstoßenen und aufgeweichten Mohnkapseln zubereitete.

Die Wiege

Die älteste erste Ruhestatt für den Säugling ist die Wiege, läßt sie sich doch sprachlich bereits für das Babylonische Reich nachweisen. Über die ganze Welt muß sie verbreitet gewesen sein, wie uns zahlreiche antike Bildwerke und Darstellungen beweisen. Jahrhundertelang war sie so bei allen Völkern in verschiedenster Ausstattung in Gebrauch, bis ihr in der zweiten Hälfte des 19. Jahrhunderts der Stubenwagen und das Kinderbettchen den Rang abliefen. »Die Wiege hat ausgeschaukelt«, vermeldete 1899 das deutsche Folklore-Fachblatt »Globus«, und das hatte natürlich seine Gründe:
Noch im 17. Jahrhundert war der Gebrauch der Wiege behördlicherseits angeordnet, ja von der Obrigkeit befohlen worden, weil zu viele kleine Kinder, von Eltern oder Ammen ins Erwachsenenbett mitgenommen, jährlich erdrückt wurden! Nun auf einmal der Meinungsumschwung, gerade von der Seite der Mediziner, welche sich nicht so sehr dagegen wehrten, daß Säuglinge ihre ersten Lebensmonate unbarmherzig eingepackt und verschnürt verbringen mußten, sondern gegen eine gefährliche Nebenwirkung des Schaukelns wetterten: Beim Wiegen gerinne die aufgenommene Milch im Magen! Ein Braunschweiger Hofarzt behauptete 1790: »Die Milch wird durch die ständige Bewegung im Magen verkäst, verursacht Leibschmerzen und tödliches Erbrechen. Das Schütteln kann außerdem Schwindel verursachen und, wenn das Kind gegen die Wände der Wiege fällt, zahllose Konfusionen am Kopf und den Gliedmaßen verursachen.« Dieser Ansicht schließen sich viele seiner Berufskollegen an. Die Milch gerinne, werde wohl gar

zu Butter, behauptete man. Der medizinische Irrglaube ging so weit, daß man auch Gefährdungen des zarten Kindergehirns befürchtete, verbunden mit Schwindel, Trunkenheit, Übelkeit, als deren Folge sogar kindlicher Schwachsinn nicht auszuschließen sei. Ein hessischer Theologe wertete 1804 den durch Wiegen herbeigerufenen Schlag als verderblich, das Kind würde dabei »absichtlich geschwächt und siech gemacht«. Einer seiner Zeitgenossen, ein Professor für Geburtshilfe in Paris, befürchtete weitere verheerende Folgen für »die unsichtbare Organisation des Gehirns und eine nachteilige Veränderung seiner Gefühle«, er prophezeite außerdem »eine große Unordnung in den Eingeweiden der Kinder«.
Diese Ansichten bewirkten auch in Bayern eine Verbannung der Wiege aus den Stuben der Wöchnerinnen, vor allem im vorigen Jahrhundert, so daß man die liebevoll gedrechselten und gezimmerten Schaukeln nur noch in Heimatmuseen und volkskundlichen Sammlungen findet. »Wiegenforscher« halten einen ausgehöhlten Baumstrunk für die älteste verwendete Form, die sich in ihrer Technik und Ausgestaltung allerdings schon sehr bald verfeinerte. Für Süddeutschland heißt es sei die querschwingende hölzerne Kufenwiege typisch, wenn auch in der Oberpfalz und im österreichischen Waldviertel bei den ärmeren Leuten eine kleine Hängematte noch gebräuchlicher war. Bauen mußte die Wiege auf dem Land der »Kistler«, kein eigentlicher Handwerker, sondern ein künstlerisch begabter Bauer, der neben der Feldarbeit noch zimmerte, schreinerte, malte und gelegentlich auch dichtete. In der Stadt spezialisierten sich darauf die Drechsler, Zimmerleute und Tischler. Die Form des Wiegenschmuckes gibt das Schönheitsempfinden des jeweiligen Landstrichs wieder, sagt aber auch allerhand über Glauben und Unglauben in Bezug auf das »Kinderwiagn« aus!
Die Muster waren profan wie auch religiös. Das Herzmotiv ist am häufigsten vertreten, verkörpert es doch die Liebe zwischen den Menschen und von Mensch zu Gott am augenfälligsten. Geschnitzt, eingebrannt oder aufgemalt wurden aber auch viele pflanzliche Motive: Stilisierte Blumensträuße wachsen aus Töpfen und Körben heraus und symbolisieren den Lebensbaum, zugleich den Wunsch der Eltern nach einem ungestörten Wachstum des Kindes. Als Umrahmung dienten kunstvolle Rosetten, Sterne, Geranke, wie man sie als Zierformen den Kir-

chen und Schlössern abschaute. Allmählich entfalteten sich so regionale Besonderheiten der Wiegen, die heute als typisch schwäbische, tirolerische u. ä. bezeichnet werden.
Vielerorts findet sich neben der Jahreszahl ein Spruch: »Was in dieser Wieg wird lachen, kann man nur in Liebe machen«, reimte ein fränkischer Poet 1850. »Trag Sorge vir ein kleines Kind, derweill sie Engel Gottes sind«, liest man an der Seitenwand einer Wiege aus Wien, die im Germanischen Nationalmuseum zu Nürnberg gelandet ist. »Ich hab ein Kind und keinen Mann, doch bin ich selber schuld daran«, ließ sich um 1800 eine Mutter auf ihre Wiege pinseln, die noch im Städtischen Museum zu Braunschweig bewundert werden kann.
Der früheste, wichtigste und weitestverbreitete Wiegenschmuck aber war der Drudenfuß, das Pentagramm oder Fünfeck. Als wohl ältestes Menschheitszeichen überhaupt, älter als alle Buchstabenschrift, kann man es rund achttausend Jahre zurückverfolgen, dieses Schutzzeichen gegen alles Böse, gegen Hexen, Druden und Nachtgespenster. Auf der Wiege kommt es nicht selten in unmittelbarer Nachbarschaft mit christlichen Symbolen vor, steht in voller Absicht neben »IHS« oder dem Marienmonogramm, und diese »doppelte Absicherung« findet sich nicht nur an bäuerlichen, sondern gerade an städtischen Wiegen, wie gerade auf der Prunkwiege der Kaiserin Maria Theresia aus dem 18. Jahrhundert, zu bestaunen in der Wiener Hofburg. Die bäuerliche Wiege wurde nicht erst dann angefertigt, wenn man ein Kind erwartete. Es dichtete zwar Hans Sachs (1494 bis 1576):

»Geht dann die Frau mit einem Kindel,
so tracht umb vierundzwanzig Windel,
ein Fürhang und ein Rumpelkes,
Weck, Kaaß und Obst zu dem Gefräß,
ein Kindbett, dem Kind ein Wiegen . . .«,

doch war er halt ein Städter und dürfte mit dem Aufrichten der Brautmitgift auf einem Kammerwagen nicht vertraut gewesen sein. Auf der höchsten Stelle des kunstvoll aufgebauten Hausrats, also ganz oben auf dem Heiratsgut, hatte die bunt bemalte Wiege zu thronen und bei jeder Bewegung des dahinrollenden Kammerwagens mitzuschaukeln. In

Kärnten und der Steiermark war es Brauch, dem Brautzug als Sperre eine echte Wiege in den Weg zu stellen, um dem Bräutigam ein Geldstück zu entlocken, was aber für diesen einen glücklichen Kindersegen in seinem künftigen Ehestand versprach.
Die Innenausstattung der Wiege soll nicht unerwähnt bleiben. Sie war meist denkbar einfach, auf dem Land steckte nur ein Strohsack, mit Barchent überzogen, darin. Das Kissen darauf lag oft schwer über dem Kind, erdrückte es fast, wie man auf alten Abbildungen erkennen kann. Am meisten aber erbarmt einen das kleine Fatschenpopperl, wenn es unbeweglich, auf dem Rücken liegend, zusätzlich noch im Zickzack mit den roten Wiegenbändern darin festgebunden war. Wurde es größer und beweglicher, so band man ihm zur Sicherheit auch noch die Händchen an der Wiege fest, daß es sich nicht verletzte oder sogar herauskippte. Tag und Nacht lag es so für etwa ein halbes Jahr in der Wiege, die nun doch, wenn man die Lage des kleinen Erdenbürgers bedenkt, fast den Charakter eines Gefängnisses bekam.
In den letzten Jahren setzten sich Kinderärzte und -therapeuten wieder vermehrt für die poetische und zugleich praktische Schlafstätte ein. Sie nannten die Verbannung der Wiege aus der Kinderstube schlichtweg einen »Rückschritt in der Kinderpflege«, denn für sie bedeute über alle Zeiten hinweg die Wiege »einen Ersatz für das natürliche, bewegte Tragebett am Körper der Mutter«. Sie setzt das geliebte, gewohnte Schaukeln auch nach der Geburt fort, das es beruhigt und an die Sicherheit im Mutterleib erinnert. Es wird auch behauptet, das Gleichgewichtsorgan eines Säuglings könne sich nur bei diesem fortgesetzten Schaukeln richtig entwickeln. Dieser Gedanke ist so neu nicht, denn Ärzte aller Jahrhunderte haben – bei vieler Kritik – immer wieder die Unbedenklichkeit des Wiegens bescheinigt und sogar immer wieder dafür geworben. Ein Geburtshelfer namens Jakob Rueff will allerdings 1554 in seinem Hebammenbuch das Wiegen durch Singen ergänzt wissen, also den Bewegungsreiz zur Hebung der beruhigenden Wirkung noch mit einem akustischen kombinieren:

»Sing auch dazu ein süße Weis,
mit halber Stimm ohn groß Geschrei,
das bringt ihm Frommen mancherley,
sein Geist wird ihm dadurch erfreut,
ein süßer Schlaf ist ihm bereit!«

Es sei hier abschließend erlaubt, diesen Vorschlag aufzugreifen. Vielleicht können die folgenden Beispiele schöner, überlieferter Wiegen- und Kinderlieder sowie heimatlicher Kinderreime dazu beitragen, daß man auch heute noch eine durchaus ernstzunehmende Anregung darin erkennt.

KINDERREIME

Annamirl, Zuckerschnürl,
geh mit mir a d' Schleha,
i dua da nix, i dua da nix,
i beiß di grad a d' Zeha.

Grüaß di drei Quartl,
mei Muatta hoaßt Kathl,
mei Vata hoaßt Sepp,
und du bist a Depp.

Franzerl mit'm Ranzerl,
du dalkata Bua,
di friert ja in d' Zechan –
ziag o deine Schuah.

Alfonse, Balfonse
g'stumpfata Bua,
ziag de grea Hosen o,
tanz mit da Kuah.

Pitsche Patsche Peter,
hinterm Ofa steht er
putzt die Hosen, schmiert die Schuah,
kommt die Miezekatz dazua,
frißt den Peter samt de Schuah.

Jackerl, Spatzgackerl
hat 's Häuserl vokafft,
hat alles vosuffa
und hintnachi grafft.

Da Hansi kimmt, da Hansi kimmt,
da Hansi is scho do,
da Hansi is in' Dreck neigfalln
und putzt si wieder o.

De Lena is de scheena,
de schiacha is de Lies,
de liaba is ma d' Annamirl,
weil s' schwarzaugat is.

Toni, Lemoni,
Pomeranzen guggu,
a schwarz Stückal Brot
is ma liaba wia du.

Benedikt
hat 's Loabe zwickt,
hat's abigschlickt,
waar bald dastickt.

An Lucki dadruck i,
an Michi dastich i
und an Kari dafahr i!

Müller, Mehler, Roggenstehler,
Beindlbeißer, Hosenscheißer!

Rössal b'schlagn, . . .
wiavui Nagerl muaß ma hab'n?
oans, zwoa, drei
und a Fuada Hei
und a Fuada Mandelkern
frißt mei Heißal gar so gern,
Rössei, Rössei hü!

Heile, heile, Segen,
drei Tage Regen,
drei Tage Schnee,
na tuat's scho nimmer weh.

Der is ins Wasser g'falln,
der hat'n rauszogn,
der hat'n hoamtragn,
der hat'n Bettal g'legt,
und da kloa Wiggiwaggi
hat'n wieder aufg'weckt.

Wiegenverse

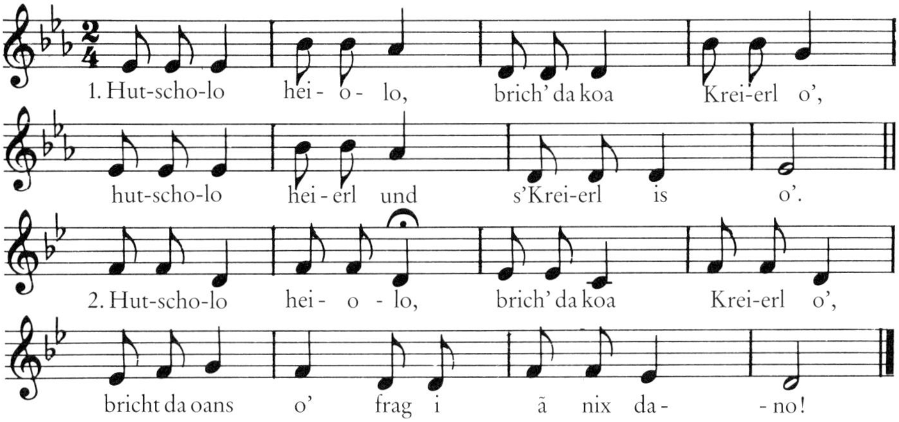

Haidl bubaidl

Üba und üba, da wiag is mei Kind,
üba und üba, daß' Wiagal aufspringt.
Springt, springt auf in alle Höh,
heija mei Dirnei, was tuat da denn weh,
daß d' woanst, daß d' woanst?

Haidl bubaidl tua still amal schweign,
dei Vata kaft dir a goldene Geign,
dei Muatta kaft dir an Koblwagn,
da kann des schö Dirnei spazieren drin fahrn,
in Himmi, in Himmi.

Der Heidschi bumbeidschi

2. Aber heidschi bumbeidschi, schlaf siaße,
die Engelein lass'n di griaßn!
Sie lass'n di griaßn und lass'n di fragn,
ob du in' Himmi spaziern willst fahrn.
Aber heidschi . . .

3. Aber heidschi bumbeidschi, in Himmi,
da fahrt di a schneeweißer Schimmi,
drauf sitzt a kloans Engei mit oaner Latern,
drein leucht von' Himmi der allerschönst Stern.
Aber heidschi . . .

Wiagnliadl

Heija, mei Dianei, i wiagat di,
hätt i a Rüatei, i schlüagat di,
aber weil i koa Rüatei, hoa Rüatei net ho',
drum schutz i mei Dianei, so guat als i ko.'

Heija, mei Dianei, i schutz di,
kimmt ge da Samstag, i putz di,
kimmt ge da Sunntag, i leg di schö o,
daß i mit mein Dianei in Hoangart geh ko.

Bibihenderl

2. Wiar i bin in' Waid außi kemma,
hams ma woin mei Bibihenderl nemma,
göi, mei Bibihenderl, göi, bibi,
göi, mei Bibihenderl, jatzt duckst di.

3. 's Bibihenderl is an Herd auffi gsprunga,
hat si seine Prazln kloan vabrunna;
göi, mei Bibihenderl, göi, bibi,
göi, mei Bibihenderl, jatzt duckst di.

4. Muaß i gschwind in' Stadt eini laffa,
um fünf Schuß a Bibihenderl kaffa;
göi, mei Bibihenderl, göi, bibi,
göi, mei Bibihenderl, jatzt duckst di.

Die Kindstaufe

2. I hon g'säg', es hät nit von Neathen,
denn dös Kind ischt decht viel z' kloan
und es kann ja decht nix bet'n,
was weard's denn in der Kirch'n thoan.
Üb'r die Weiber sog'n, wiar müass'n's taaf'n,
weil's der Brauch ischt und muaß sein;
hött' i ab'r g'wißt, daß 's Fröss'n und Sauf'n
bei die G'vattersleut muaß sein!

3. Erscht amal muaß der Mößner laaf'n
um a Liacht, dös braucht's derbei;
was braucht's denn soviel G'schicht'n z' mach'n,
was braucht's denn soviel Schererei?
I mei, man weard dös Kind woll kennen,
ob's a Gitsch ischt oder a Bua,
was braucht's denn soviel Körz'n z' brennen
ban helliacht'n Tag derzua!

4. After kimmt der Pforrer g'loff'n,
Tög' a Pfoat un über 's Gwand
und a Buach dös hät er off'n
und um an Hals a Kraxz'nband;
nach'er thuat er 'n G'vatt'r frog'n,
wia das Kind soll hoaß'n mit Nam',
und wia er ihm dös thuat sog'n,
fängt er sein' Krimpas Krampas un.

5. Aus 'n Buach macht er viel Sach'n
auf Lateinisch hält dahear,
über 's Kind viel Kreuz thuat mach'n,
als wenn's schier a Tuifl war';
aft hat er ihm sein' Staab a'blos'n
und 'as Kapp'l abikeit,
nach'er nimmt er's bei der Nos'n
und bei die Oahr'n, daß es schreit.

6. After fein mar in's Wirtshaus gangan,
die Weiber und die G'vattersleut,
hob'n dä Fröss'n und Sauf'n ung'fangen.
Bon Unfang hat's mi sakrisch g'freut,
aber noch'er hon i 'könnt brav zohl'n
für die Taaf' und für den Wein;
und für dös – und aa an ondersmal
läß i g'wiß die Kind'staaf' sein!

Heija, sumsa sum

Hei-ja-sum-sa-sum,
da Mond spitzt rei in d' Stubn.
D' Muatta summt dei Wiagnliead
und da Nachtvogel ruaft im Riad.
Hei-ja-sum-sa-sum, hei-ja-sum.

Hei-ja-sum-sa-sum,
i wünsch dir an guatn Gsund!
A guate Nacht, i schlaf scho bald selm;
muaß dem kloan Büabei
no a Bussal gschwind stehln.
Hei-ja-sum-sa-sum, hei-ja-sum.

Heija, mei Dirnei

2. Heija, mei Dirnei, heija
d' Fischei, de sand in Wei-a,
und 's Fischerl in Weia
und 's Krebserl in See.
Heija, mei Dirnei,
es tut da nix weh.

3. Heija, mei Dirnei, i schutz di,
kimmt ge der Samstag, i putz di,
kimmt ge der Sunntag,
i leg di schö o,
daß i mit mein Dirnei
an Hoagascht geh ko.

4. Heija, mei Dirnei, i wiagert di,
het i a Rüatei, i schliagat di,
oba weil i koa Rüatei,
koa Rüatei net ho,
so schutz i mei Dirnei,
so viel wia i ko.

Wiegal, wiagal . . .

Wiegal, wiagal, drauß am Stiagal sitzt a Engal heit auf d'Nacht.
Is schö krauslat wia mei Tausadschatzal, dös jetzt so guat schlaft.
Is die Welt so groß und weit, siehgst viel tausad Sterndal heit;
's is beim Plunda do a Wunda, aba-r-a Kindal wohl dös größt.

Wiegal, wiagal, deine Grüabal san a wahre Augenweid,
möcht's gern küss'n, möcht's gern wiss'n,
was mei Kindl im Schlaf so gfreit.
Sichgst as, wia's a wengei lacht,
hat eahm Gott a Tramal g'macht;
fahrt's an Himmi mit an Schimmi
und schlaft do auf dera Welt.

Zwei Liadl zum Einheitin

Das erste

Das zweite

Hutschalo, heialo

2. Hutschalo, heialo, brich da koa Kreial o!
Hutschalo, heialo, 's Kreial is o.

3. Hutschalo, heialo, schlaf nur recht süaß, denn sunst
kimmt der Rauhwuck'l und
beißt di in d' Füaß!

4. Hutschalo, heialo, gibt jetz' an Fried', denn sunst
kimmt der Rauhwack'l und
nimmt di glei mit!

5. Hutschalo, heialo, stoß dir koa Zeherl o,
tritt dir koa Dörnerl ei,
nacha g'hörst mei!

LITERATURHINWEISE

ALBERTUS MAGNUS	Daraus man alle Heimligkeit des weiblichen Geschlechts erkennen kann . . .	*Frankfurt 1581*
ANDREE-EYSN, Marie	Volkskundliches aus dem bayerisch-österreichischen Alpengebiet	*Braunschweig 1910*
ANDRIAN, Ferdinand von	»Die Altausseer«	*Wien 1905*
BAER, Frank	Votivtafel-Geschichten	*Rosenheim 1976*
BAUER, Therese	Das Oldinger Jahr	*Erfurt 1944*
BEITL, Richard	Deutsche Volkskunde	*Berlin 1933*
BEITL, Richard	Der Kinderbaum	*Berlin 1942*
BEKH, Wolfgang Johannes	Reserl mit'm Beserl	*Pfaffenhofen 1977*
BINNA, Albert	»Geburt und Taufe im oberösterreichischen Brauchtum«, in Band I Österr. Volkskultur	*Wien 1947*
BOESCH, Hans	Kinderleben in der deutschen Vergangenheit	*Leipzig 1900*
FINK, Hans	Verzaubertes Land	*Innsbruck 1973*
FLÜGEL, Dr.	Volksmedizin und Aberglaube im Frankenwalde	*München 1863*
FRIEDL, Paul	Gute und bewährte Mittel und Bräuch aus Großmutters Zeit	*Rosenheim 1977*
FRIEDL, Paul	461 Haus- und Sympathiemittel	*Rosenheim 1976*
GRABER, Georg	Volksleben in Kärnten	*Graz 1934*
GREINSBERGER, Kathi	Fischbachauer Liederbüchl	*München 1968*
HAGER, Franziska	An der Herdflamme der Heimat	*München 1927*
HAGER, Franziska und HEYN, Hans	Liab, leb und stirb	*Rosenheim 1976*
HARTMANN, Franz Xaver	Sitten und Gebräuche in den Landgerichtsbezirken Dachau und Bruck bei der Geburt, der Hochzeit und dem Tode	*München 1875*
HÖFLER, Max	Volksmedizin und Aberglaube	*München 1888*
HÖRMANN, Ludwig von	Tiroler Volksleben	*Stuttgart 1909*
HOFBAUER, Josef	Ostbayern	*Regensburg 1980*
HUBER, Kurt und SIMBÖCK, Ludwig	Niederbairisches Liederbuch	*München*
KAPFHAMMER, Günther	St. Leonhard zu Ehren	*Rosenheim 1977*
KAPPAUF, Balthasar	Sammelsurium	*Passau 1973*
KERLER, Christine und Richard	Geheime Welt der Talismane und Amulette	*Rosenheim 1977*
KITZINGER, Ludwig	Brauchtum, Sitte und Brauchgut im Kollbachtal	*Arnstorf 1965*
KOHL, Franz Friedrich und REITER, Josef	Echte Tiroler Lieder	*Leipzig 1915*
KOSTENZER, Otto	Dem Himmel sei gedankt	*Rosenheim 1974*
KRISS-RETTENBECK, Lenz	Bilder und Zeichen religiösen Volksglaubens	*München 1963*
KRISS, Rudolf	Sitte und Brauch im Berchtesgadener Land	*München 1947*
LAMPRECHT, Heinrich	Das Amulettkästchen des Traunsteiner Heimathauses	*Traunstein 1926*
LEHMANN, Emil	Sudetendeutsche Volkskunde	*Frankfurt 1926*

LEHMANN, Hedi	Volksbrauch im Jahreslauf	*München 1964*
LEOPRECHTING, Karl von	Bauernbrauch und Volksglaube in Oberbayern	*München 1855*
LÜERS, Friedrich	Sitte und Brauch im Menschenleben	*München 1926*
MAIS, Adolf	Österreichische Volkskunde für Jedermann	*Wien 1952*
MARZELL, Heinrich	Die heimische Pflanzenwelt im Volksbrauch und Volksglauben	*Leipzig 1922*
MERKLEIN, Willi	Taufbräuche in der Oberneukirchner Gegend in »Das Mühlrad«	*Mühldorf/Inn 1975*
MÜLLENHOFF, Karl	Die Natur im Volksmund	*Berlin 1898*
NEMEC, Helmut	Zauberzeichen	*Wien 1976*
NEUMAIER, Ferdinand	Sing ma a weng	*München 1958*
OSWALD, Erich A. und BEITL, Richard	Wörterbuch der deutschen Volkskunde	*Leipzig 1936*
PACHINGER, Anton	Die Mutterschaft in der Malerei und Graphik	*München 1906*
PIESKE, Christa	Das freudige Ereignis	*München 1968*
POLLINGER, Johann	Aus Landshut und Umgebung	*München 1908*
ROSEGGER, Peter	Das Volksleben in der Steiermark	*Leipzig 1902*
RUBI, Christian	Taufe und Taufzettel im Bernerland	*Wabern 1968*
SCHLICHT, Joseph	Blauweiß in Schimpf und Ehr, Lust und Leid	*Rosenheim 1973*
SCHLICHT, Joseph	Bayerisch Land und Bayerisch Volk	*Straubing 1875*
SCHLICHT, Joseph	Altheimland	*Bamberg 1895*
SCHMIDT, Philipp	Volkskundliche Plaudereien	*Bonn 1941*
SPIESS, Balthasar	Volkstümliches aus dem Fränkisch-Hennebergischen	*Wien 1869*
SPRINGENSCHMID, Karl	Das Bauernkind	*Worms, ca. 1950*
STEMPLINGER, Eduard	Sympathieglaube und Sympathiekuren im Altertum und Neuzeit	*München 1919*
STORCH, Karl	Brauchtum und Volksglaube im Kreis Mies	*Dinkelsbühl 1967*
STIELER, Karl	Kulturbilder aus Baiern	*Stuttgart 1893*
STIRNWEISS, Werner R.	Sprache, Sitte und Brauch einer schwäbischen Ackerbürgerstadt des mittleren Donaugebiets um die Jahrhundertwende (Diss)	*Höchstatt 1975*
VALENTIN, Hans E.	Brezen, Kletzen, Dampedei	*Regensburg 1978*
VILLIERS, Elizabeth	Amulette und Talismane	*München 1927*
VÖLLTERN, Christoph von Metzingen unter Urach	Neueröffnete Hebammenschul	*Anno 1679*
WALZER, Albert	Liebeskutsche, Reitersmann, Nikolaus und Kinderbringer	*Stuttgart 1963*
WALZER, Rudolf	Kulturbilder aus Kärnten	*Klagenfurt 1890*
WELTI, Erika	Taufbräuche im Kanton Zürich	*Zürich 1967*
THEOPOLD, Wilhelm	Das Kind in der Votivmalerei	*München 1981*
ZÜNGERLE, Ignaz V.	Sitten, Bräuche und Meinungen des Tiroler Volkes	*Innsbruck 1871*
ZGLINICKI, Friedrich von	Die Wiege	*Regensburg 1979*

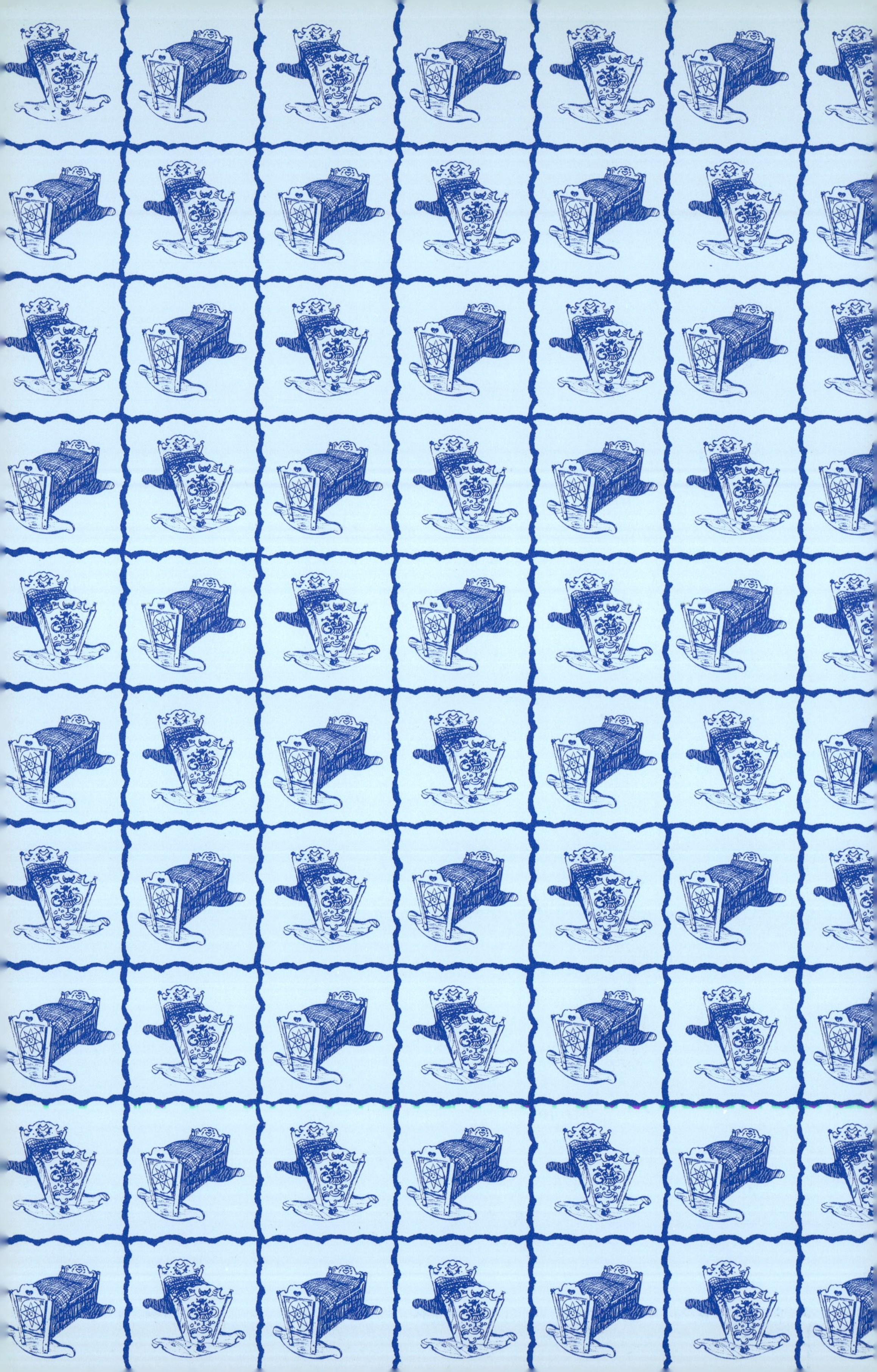